U1008252

中国与跨境融资的全球治理：规则改革与债务处置

China and Global Governance of Cross-border Financing: Fair Competition and Debt Treatment

王建业　等　著

中国金融出版社

责任编辑：王慧荣
责任校对：孙　蕊
责任印制：陈晓川

图书在版编目（CIP）数据

中国与跨境融资的全球治理：规则改革与债务处置/王建业等著. —北京：中国金融出版社，2023.8
ISBN 978-7-5220-2115-7

Ⅰ.①中…　Ⅱ.①王…　Ⅲ.①国际金融—融资—金融法②国际法—债权法—研究　Ⅳ.①D996.2②D997.1

中国国家版本馆CIP数据核字（2023）第131930号

中国与跨境融资的全球治理：规则改革与债务处置
ZHONGGUO YU KUAJING RONGZI DE QUANQIU ZHILI: GUIZE GAIGE YU ZHAIWU CHUZHI

出版发行　中国金融出版社
社址　北京市丰台区益泽路2号
市场开发部　（010）66024766，63805472，63439533（传真）
网上书店　www.cfph.cn
（010）66024766，63372837（传真）
读者服务部　（010）66070833，62568380
邮编　100071
经销　新华书店
印刷　河北松源印刷有限公司
尺寸　169毫米×239毫米
印张　18.75
字数　203千
版次　2023年8月第1版
印次　2023年8月第1次印刷
定价　60.00元
ISBN 978-7-5220-2115-7
如出现印装错误本社负责调换　联系电话（010）63263947

前　言

二十国集团（G20）第十七次峰会2022年11月中在印度尼西亚巴厘岛闭幕，通过了《G20巴厘岛峰会领导人宣言》，再次承诺就应对全球经济挑战开展合作。除了强调对粮食安全、能源安全、数字化转型等当前全球经济发展面临的挑战采取行动，《G20巴厘岛峰会领导人宣言》还对低收入国家包括部分脆弱中等收入国家债务偿付状况的恶化表示关切，并重申加大努力，落实“暂缓偿债倡议”后G20“债务处置共同框架”，“可预测、及时、有序、协调”解决发展中国家债务危机。峰会后不久，继上半年斯里兰卡主权债务违约后，12月19日加纳财政部也宣布暂停偿付欧元债券、商业贷款和大多数官方双边贷款。

这项研究在世界格局包括大国合作剧变的背景下，着眼未来十年的全球性风险，结合中国作为世界主要的发展融资提供方和发展中国家最大官方双边债权国的现实，直面国内相关机构的关切和国外业界与学术界的质疑。希望本书的研究和建议有助于“一带一路”倡议的可持续实施，有助于扩大规则制度型改革开放，有助于我国向高质量发展的转型。

这项研究由广州国际金融研究院（广州大学金融研究院）名誉院长、特聘教授王建业牵头，课题组主要成员包括中国进出口银行“一带一路”金融研究院副主任、上海分行行长助理李晓炜，研究助理吕程、程旭。王海平（上海纽约大学波动研究所）协助数据收集和图表制作。广州国际金融研究院学术秘书陈晓雯、讲师莫斌协助课题管理。王建业策划全书纲要，统筹研究重点和分工。本书的初稿由下列成员撰写：第一、第二、第六、第八章，第 7.2~7.4 节：王建业；第三、第四、第五、第七章：李晓炜；附录 I-V：李晓炜、吕程、程旭；专栏 4.1：王璇（“一带一路”金融研究院），数据附表：程旭。上海纽约大学波动研究所执行主任周欣、博士后汪先珍参与对外投融资透明度的研究并撰写部分初稿。王建业在李晓炜的协助下负责全书的编辑、修改、定稿。

课题组感谢广州大学、广州国际金融研究院、世界资源研究所对本研究的大力支持。本课题的构思始于 2019 年，主要作者与业界有关同事多次讨论研究主线与提纲。尽管新冠疫情严重影响了我们的企业调研，作者还是通过与博鳌亚洲论坛研究院等机构合作、相关项目调研和本课题开题与结题等机会，倾听我国金融机构驻外或一线同事的宝贵意见和建议。这些机构包括中国进出口银行、国家开发银行、中国工商银行、中国银行、中国出口信用保险公司、丝路基金有限责任公司和丝元投资有限责任公司。

我们特别感谢参加课题结题讨论的国际金融论坛副理事长兼秘书长、世界银行原副行长、新开发银行副行长祝宪，中国人民银行国际司司长、中国驻国际货币基金组织（IMF）前执行董事金中夏，中国进出口银行公司业务部副总经理、中拉产能合作投资基金前总经理严启发，中国出口信用保险公司评审委员会副主任、评审管理部副总经理赵众卜专业、坦率的评论和建议。中国进出口银行张祖君、缪林燕、李晚晴、李红、温海默、王晔、张靖翊，以及广州金融控股集团钟雄、广州期货交易所张鹏对课题的开展提供了诸多帮助。

世界资源研究所金融中心代理全球主任刘爽和北京团队持续支持我们对“一带一路”投融资的研究，世界银行国际债务统计团队也在数据方面提供帮助。我在广州国际金融研究院的工作得到了广州大学原党委书记、香港科技大学（广州）党委书记屈哨兵，广州大学魏明海校长，广州市地方金融监督管理局邱亿通局长等的关心和支持，特此表示感谢。

我的夫人刘虹霞是本书的最早读者，对开篇的安排提出画龙点睛的建议。她和孩子们的宽容、理解和支持，孙儿孙女的出生成长鼓舞我按期完成本书的工作。

本书所用数据全部来自公开渠道，不涉商业机密，书中所有的错漏与上述机构、专家无关。作者本人对本书的观点和存在的问题负责。

王建业

2023 年 2 月

目 录

摘　要

中国近十来年迅速成为全球主要发展融资提供国、发展中国家的最大官方双边债权国，也是国际跨境融资治理体系改革的重大利益攸关方。本书研究中国在国际融资治理体系重构中的两个重要方面：国际规则改革以及主权债务处置中面对的挑战与应对，也是“一带一路”倡议在百年未有之大变局下的可持续课题。本书回答的主要问题是：

（1）中国等新兴市场国家成为发展融资输出国给现行国际规则体系带来哪些变化和挑战？这些挑战的实质是什么？

（2）现行国际主权债务处置架构有哪些主要缺陷？改革的难点和关键在哪里？

（3）中国官方支持的对外融资引起哪些国际争议？如何客观看待这些争议？中国官方和官方支持的发展融资与其他新兴市场国家相比有什么共性和不同？

（4）中国国内有哪些不同观点和关切？当前低收入重债国外债构成中多边和商业债权人比重远超中国。在多边债权人贷款推高债务国外债现值但又不参加主权债务重组减免的情况下，要求中国在国际主权债务处置中发挥更大作用、官方双边债权人首先处置债务是否公平？

（5）在国际治理体系改革和重构中我国与发达国家的主要分歧在哪里？这些分歧的原因是什么？我们的选择是什么？

（6）在跨境中长期融资规则和主权债务处置架构的改革中如何克服国内外障碍？如何提高在G20“债务处置共同框架”下处置中低收入国家不可持续债务的效率？后疫情时代国内外债务处置等对我国对外信贷的未来有何影响？对推动改革有什么建议？

本书研究的方法是历史、实证与制度分析相结合，紧扣现实挑战和案例，研究国内改革和国际治理的表面和深层次关系。研究团队熟悉国内外投融资实践，重视从业人员的声音、国内不同观点和国外的质疑。本书对以上问题的回答是：

（1）新兴市场国家在世界经济中地位的上升极大地改变了国际发展融资格局，传统债权国份额下降，原有国际融资规则的有效性、内部约束力降低，与21世纪世界经济的现实和发展不相适应。新兴市场国家带来的挑战表面上是透明度、隐性补贴、债务可持续等，实质是政府与市场的关系，即官方支持的资金市场和非官方、商业性竞争市场是否分开，官商是否分清的问题。

（2）原有国际主权债务处置架构的主要缺陷源自发展中国家主权债务债权人构成的变化。官方债权人（官方双边债权国之间，双边债权国与多边金融机构之间）协调的效率下降，非官方债权中国际市场债券比重上升加剧了“集体行动”困境。改革的关键在于厘清新兴债权国官方和非官方对外债权，加强国内涉外信贷机构的改革和协调，加强官方双边和主要多边债权人的协调，以及提高非官方债权人尤其是债券持有人的参与度。

（3）国外对我国国际信贷的争议主要是缺少信息披露，不受债务可持续约束，债务处置主要经双边开展且不与其他债权人共享信息。客观地看，我国对外债权信息披露确实不多；对外信贷也遇到较多偿付问题，风险比较集中；债务处置的传统做法与G20“债务处置共同框架”有差距。我国和其他新兴债权国都在现有国际规则（“君子协定”）之外，与这些国家最明显的不同是中国是发展中国家最大的官方双边债权国，成为各方关注的焦点。我国经济体制转型的特点也影响对外信贷和债权。

（4）国内主要的关切是多边债权人不参加债务处置，却负责估算债务减免深度等参数，要求双边债权人按这些参数率先达成一揽子债务减免协议不符合实际，也不够公平。新兴债权国处置海外债权所受的国内约束的确与传统债权国不同。必须加强与IMF等机构的协商，并加快国内改革，在解决国内关切的同时，提高“共同框架”下债务处置的效率。

债务国违约，债权人得不到偿付，债权实际已经打折（净现值下降）。债务处置将债权打折契约化，让债务国走出欠债诅咒（Debt overhang）。公平、实质、及时的债务处置让债务国尽快恢复偿付能力、债权人最大限度地减少损失，符合双方长远利益。若债权人参与不足，导致债务处置拖延、失败，不仅对债务国不公平，债权人损失也将延续。最大官方双边债权国有责任与国际金融组织合作推动国际债务处置，可以也应该发挥积极领导作用。

（5）在国际治理体系改革中，我国与发达国家的主要分歧不在目标，甚至不在基本原则，更多在于做法或实施方式。这些分歧的背后是国内各种因素的制约（如规则改革提高透明度，债务处置区分官方与非官方债权等）。面对全球一个体系、一套规则还是另起炉灶的选择，考虑到我国是布雷顿森林协定的创始成员国，是战后国际经济金融治理体系的受益方，更是推动改革的关键大国，且我国反对“新冷战”，反对所谓的“脱钩”，支持全球化，支持多边主义，支持发展中国家，因此另起炉灶不是持久可行的选项。真正的选择是克服国内外障碍，推动国际融资治理体系朝更公平、更有效、更符合21世纪国际竞争现实的方向改革。

（6）对于深化我国对外投融资领域改革开放，我们的建议包括：明确区分官方和非官方对外债权；加强发展融资领域的国内协调，通过对内理顺利益、责任和约束，对外有效务实协商，提高“共同框架”下债务处置的效率；扎实提高对外投融资透明度，正面回应国外质疑；真正落实对外贷款的债务可持续框架；切实采取举措打破贷款—债务重组周期性轮回，实现可持续发展融资；顺应对外投融资的长期趋势，扩大人民币在对外投融资中的使用。

Abstract

China has over the last decade become a key provider of international medium- and long-term financing, the largest bilateral official creditor of developing countries, and hence a major stakeholder in the modernization of the global systems that govern cross-border capital flows. This study focuses on China's roles in two important aspects of the global efforts: fostering a level playing field for official support and providing debt relief to troubled sovereign debtors. As such, this study is also about the sustainability of China's Belt and Road Initiative (BRI) in the post-pandemic era.

Against the backdrop of more poor and vulnerable middle-income countries falling into debt distress, developing countries call for "fair, meaningful, and timely" sovereign debt treatment, and the negotiations under the International Working Group on Export Credits (IWG) have stalled since 2020. The following questions were raised at outset of the study:

(1) What changes and challenges have China and other emerging market creditors brought to the international arena of medium- and long-term credit financing?

（2）What are the main weaknesses and limitations of the existing international debt architecture? What are the main roadblocks and the keys in reforming the debt architecture?

（3） There is a wide spectrum of views on China's roles in development financing. What are the main criticisms and controversies among more serious researchers both at home and abroad?

（4） There are also genuine concerns and different views within China regarding the country's participation in the recent rounds of debt treatment. Are these concerns well grounded?

（5） In modernizing the global systems for medium- and long-term official support, and reforming the international debt architecture, what are the main disagreements between the Chinese side and its developed counterparts? What are the options for China?

（6） If "setting up a separate kitchen" is not a viable option, what needs to be done to restart the negotiations for a more inclusive level playing field of the new century? What needs to be done to improve debt treatment under the G20 "Common Framework for debt treatment beyond the DSSI"（Common Framework）? What are our recommendations for sustainable financing to the low- and lower-middle income countries over the longer term?

This book combines insights from evidence-based, historical, and institutional analyses, as well as studies of recent cases and available data, trying to address the major concerns at home and misgivings abroad. Our key findings are:

（1） Challenges brought about by the rise of China and other

emerging market creditors and investors in the international financial arena are multiple. The most important one is the need for clear delineation of officially supported and non-official or commercial financial flows, and adequate information disclosure by key players.

(2) The international debt architecture has become less effective because of the large shifts in the creditor composition of developing countries' external debt. Coordination among bilateral creditors and between bilateral and key multilateral creditors has become less predictable. The large increase in foreign sovereign bondholders has accentuated the challenge of non-participation by commercial creditors after the Debt Service Suspension Initiative (DSSI). The keys to address these problems are to tackle the concerns of emerging market creditors, considering their domestic constraints, and to improve the framework for commercial creditors.

(3) Chinese outward lending has attracted research interests. While most evidence-based researches affirm Chinese lending's positive impact on local economic and social developments, the lack of transparency, non-compliance with the sustainability principles, and untransparent treatment of bilateral debt remain the three main criticisms.

(4) Domestic concerns highlight the differences between China and the Paris Club creditors: while differentiation of official and non-official creditor claims is not an issue for the Paris Club, it is for China. Unless the financial responsibilities of the creditor country taxpayers and those of the lending institutions are clearly sorted out, providing

wholesale debt reduction could be unfair to the taxpayers, raise moral hazard among various lenders, and undermine creditor countries' domestic financial stability. Other concerns include multilateral creditors' non-participation in debt relief and bondholders' likely "free ride". As such, the costs of large "haircut" required to lower poor countries' debt stock to "sustainable" levels could be falling unfairly on official bilateral creditors, with ill-matched obligations with their relatively small share.

（5）In modernizing the global systems covering official financial support and sovereign debt treatment, the key disagreements between the Chinese side and their developed counterparts are not in the ultimate objectives, nor in the guiding principles, but mostly in the implementation and practices. The real option for China is not doing it its own way, or "setting up a separate kitchen", but to press ahead with the reforms to address the domestic constraints and external impediments, joining forces with others for more inclusive, effective global governance systems of development financing.

（6）Our recommendations for China to deepen its domestic reforms include: Clear separation of official and non-official creditors' overseas claims; Significant improvement in inter-creditor coordination, by aligning the accountability and interests of various Chinese lenders and more effective consultations with key multilateral institutions for pragmatic solutions to debt relief under the "Common Framework"; Major progress in increasing the transparency of outward financing through a bold yet realistic implementation plan, dismantling information silos and alleviating principal-agent problems; Strict implementation of debt sustainability framework for all lending to low- and lower-middle income countries; Breaking the recurrent lending-restructuring cycles by considering other measures for sustainable development financing; Adapting to long-term trends by extending the use of RMB and increasing the concessionality of official development assistance.

第一章
后疫情时代的跨境中长期融资

1.1　未来十年的全球性风险和中国

《经济学人》杂志 2022 年 8 月底邀请专家研讨“未来十年的世界”，国际政治风险研究与咨询公司欧亚集团（Eurasia Group）创始人伊恩·布雷默直指“发展中世界（国家）债务危机”为 2022—2032 年世界最主要的风险和挑战，超过美国及其盟友与中国等大国的“冲突”。[①] 一个政治学者、风险分析师的预测并非共识，但也颇具代表性。新冠疫情暴发初期联合国贸易和发展会议（UNCTAD）就以《从大封城到大熔毁》为题警告发展中国家债务危机的蔓延，随后《2020 年贸易和发展报告》进一步指出发展中国家面临“失去十年”的风险。[②] 联合国多机构发展融资工作组的年度《可持续发展融资报告》、世界银行的《全球发展报告》以及国际货币基金组织（IMF）的《世界经济展望》都指出新冠疫情和国际政治经济金融环境的剧变使更多的中低收入国家陷入债务危机，呼吁主要经济体加强合作、改革国际主权债务处置架构。[③]

① “Don’t fret over conflict with China, worry about a developing-world debt crisis”, www.economist.com/by-invitation/2022/08/30/what-ian-bremmer-thinks-2032-will-look-like. 伊恩·布雷默 (Ian Bremmer) 曾提出一国对外开放度与国内政治稳定性的所谓“J 曲线”理论。

② UNCTAD (2020a), and UNCTAD (2020b), Chapter Ⅳ.

③ 见 United Nations (2022), IMF 和世界银行 2022 年的《世界经济展望》和《全球发展报告》。国际主权债务架构的问题和改革参见 IMF（2020a）。

发展中国家和发达国家之间的贫富差距（以人均收入等指标衡量）在21世纪的前20年明显缩小。以中国为代表的新兴经济体快速增长催生了史无前例的全球性中产收入群体，带来了全球贫困人口的下降。世纪之初联合国千年首脑会议后的成就鼓舞了193个成员国在2015年可持续发展峰会正式通过了全球可持续发展目标（SDGs），旨在于2015—2030年进一步消除贫困、饥饿、疾病、文盲、环境恶化和对妇女的歧视。回过头来看，全球化——资本、人力、商品、劳务在发达和发展中国家之间更加便利、规模不断扩大的跨境流动——不仅给发达国家带来了低物价和高利润，也给发展中国家带来了信息、科技、现代管理。发展中国家融入世界经济和全球供应链扩大了市场的规模和范围，改变了其国内市场结构，增强了竞争，激励创业创新，推动工业化和城镇化，这些都促进了发展中国家的经济增长。

然而，全球化在最近遭遇强劲逆流。后疫情时代，由于地缘政治冲突和战争、制裁与反制裁等引发国际供应链重组，国际能源和粮食市场供求失衡，主要发达国家通货膨胀高企，国际融资成本飙升，加上许多发展中国家经济增长下行，跨境资本、人员、技术流动受阻，旅游、海外劳工和侨汇收入收缩，这些国家的偿付能力受到沉重打击。考虑到“60%的低收入国家已经陷入债务危机或面临高债务危机风险（处于债务重组或累积欠款状态），而这一占比十年前只有约20%”，[①] 部分国际组织研究人员认为当前的国际环境堪比20世纪70年代中期至80年代初——那时中东石油危机、发达国家滞胀、美联储等央行大幅加息，最终

① IMF, “World Economic Outlook, July 2022 Update”, p.9.

触发较大范围的发展中国家债务危机。[①]

包括亚非拉58个发展中国家的“脆弱二十国集团”（Vulnerable Group of 20，V-20）2022年9月发布债务报告，预测这些国家（包括13个已陷入债务危机或高债务风险的国家）2024年的到期外债偿付额将升至689亿美元。[②] 盖茨基金会支持的法国智库以“即将到来的债务危机”为题，运用世界银行的债务数据和IMF的宏观经济展望，评估了113个发展中国家未来5年需要偿还的外债。该报告预计上述国家将于2024—2025年迎来偿债高峰。如果国际市场利率高企且这些国家货币对美元持续贬值，超过偿债风险阈值的国家将从2022年的22个上升至35个，一场严重的流动性危机将很快演变成大范围的偿付能力危机。[③]

主要国际组织和金融机构均预测2023年世界经济增长较2022年下降，主要发达国家进入衰退的概率上升，世界贸易进一步放缓，给发展中国家走出疫情影响、恢复经济增长投下阴影。世界格局的变化增加了大国合作的困难，对国际供应链、人文交流、技术转移都有深远影响。从这个意义上来说，发展中国家可能爆发旷日持久的债务危机。在实现全球可持续发展目标和应对气候变化的关键十年，如果占世界人口大多数的发展中国家经济增长受债务拖累失速停滞，导致部分脱贫人口返贫，“失去十年”的风险确实是未来相当一段时期国际社会面临的主要挑战。

本书的研究初衷就是着眼跨境资本流动，直面上述全球性挑战和我国的角色。资本是不可或缺的生产要素，也是近现代跨境

① Ha J., M. Kose, and F. Ohnsorge (2022).

② V-20 (2022).

③ Kessler, M. and C. Albinet (2022).

流动性最高、中低收入国家最稀缺的“硬”生产要素。资本常常是技术、企业组织、创新生态等“软”生产要素跨境转移落地的载体，跨境资本流动往往带动和促进人力资本的流动、培养和发展。从某种意义上来说，我国从1978年开始的改革开放史是一部跨境资本从流入到输出，从创建经济特区、吸引外来投融资、成为“国际供应链亚洲枢纽”“世界工厂”、利用“两个市场两种资源”，到企业“走出去”、建设“一带一路”的历史。

我国在改革开放进程中成为世界上吸引外国直接投资（FDI）最多的国家之一，也在最近十来年迅速成为发展中国家最大的官方双边债权国和在中低收入国家中与主要发达国家比肩的FDI来源国。[①] IMF数据显示，2021年发展中国家GDP全球占比为41.7%。代表新兴市场的金砖五国GDP占全球经济的比重上升至24.8%，五国贸易额占世界贸易额的比重上升至17.9%。在新兴市场国家中，中国2021年GDP占世界比重为18.5%；对外贸易总额6.9万亿美元，其中货物贸易额6.1万亿美元，占世界比重为13.5%。2021年，中国对外直接投资流量1788亿美元，占同期全球对外直接投资流量的份额由2011年的4.6%提升至8.5%。随着在世界经济地位的上升，中国已成为全球主要发展融资提供方和债权国（见专栏1.1）。

主要跨境投融资来源国的地位决定了中国在国际社会应对未

① 根据IMF每年进行的“协调的直接投资调查”(CDIS)，中国（不包括中国香港地区）在2020年全球FDI流入中排第四位，仅次于美国、荷兰、卢森堡，而中国香港地区则在英国之后排第六位（Sanchez-Munoz, C. et al. 2021）。Lee, N. and A. Sami (2019)收集的数据表明2016年我国企业在非洲的FDI存量已与美国、英国、法国相当。中国成为发展中国家最大官方双边债权国，数据参见世界银行每年发布的《国际债务统计》（International Debt Statistics，IDS）。

来十年全球性风险中不可或缺，在国际融资治理体系的改革重构中责任重大。在新冠疫情暴发头两年，我国积极参加二十国集团（G20）“暂缓偿债倡议”（Debt Service Suspension Initiative，DSSI），是 G20 成员中落实缓债金额最大的国家，2022 年进一步免除非洲 17 国截至 2021 年底对华到期无息贷款 23 笔。中国在 2021—2022 年 G20“债务处置共同框架”（Common Framework for Debt treatment beyond the DSSI，以下简称“共同框架”）下对乍得、埃塞俄比亚、赞比亚的债务处置中发挥了重要作用。我国领导人在 2021 年 12 月中非合作论坛第八届部长级会议上宣布，从 IMF 增发给中国的特别提款权中拿出 100 亿美元转借给非洲国家。然而，我国解决发展中国家债务困境的努力仍然受到质疑，国际发展环境不确定性增加。百年未有之大变局下我国从传统的要素驱动向创新型经济、从中等偏上到高收入国家的跨越充满变数和挑战，更需要有利的国际发展环境。国际角色和国内改革相互影响，深化国内改革对我国在 21 世纪承担大国责任、发挥应有的国际作用至关重要。

1.2　跨境中长期信贷与发展融资

从概念上讲，资本流入（流出）是国际收支统计中对外负债（资产）的净变化，类资本流入或流出（Capital-like flows）则包括经常和资本账户下的转让、赠与和国际债务减免。从国际收支统计金融和资本账户的角度，跨境资本流动可分为直接投资（Direct investments）、证券投资（Portfolio investments）和其他融资（Other financial investments），后者主要是银行等金融机构中介的信贷。按资本来源于公共或民间（私人）部门的属性，跨境资本流动可分为官方资本和非官方资本；从所有权和风险承担主体的角度，也可分为股权类资本和债权类资本；一般使用或持有期限在一年以内的属短期资本，一年以上的属中长期资本。

跨境资本流动在提高资源配置效率、促进技术转移、推动经济增长方面带来好处的同时，也带来国际收支、债务偿付、金融和经济危机跨境传导的风险，尤其对资本流入的发展中东道国来说。拉丁美洲国家如阿根廷不断出现的债务违约、20 世纪 90 年代的亚洲金融危机、2008 年国际金融危机后希腊等南欧国家的债务危机充分显示出各类资本中非官方短期资本对国内外政治经济金融变化最敏感、最不稳定。相比之下，“非债务产生”（Non-debt creating）资本流入，主要是股权类资本中的直接投资相对稳定。外国直接投资通常来自非官方或民营企业。[①]

经济学界对资本流入“突然停止”（Sudden stop）引发的债务和金融危机的现象、原因与影响，如对外债务和偿付资产的期限错配、币种错配等做过大量研究，对跨境短期资本特别是投机性资本在危机前后的治理、加强宏观审慎监管、危机时实施政策干预的利弊都有较深入的研究，达成了一定共识。[②] 国际金融组织的立场也历经调整，必要时管制跨境短期资本流动已成为这些组织支持成员国应对危机的可选政策工具（IMF，2012）。因此本书研究的重点不在短期或股权跨境资本流动。

本书聚焦流向发展中国家的中长期信贷。按国际收支统计金融和资本账户分类，就是直接投资和证券投资以外的其他融资（主要是以银行等金融机构为中介的一年以上信贷）与证券投

① 见第 1.3 节。

② Calve, G. et al. (1996), Cornford, A. (1996), Financial Stability Board (2011) 等。

资中的债券发行偿付。跨境中长期融资直接当事的包括债务方和债权方。从债务方来看，由于发展中尤其是低收入国家的债务偿付风险较高，国际信用评级较低，私营企业或市场主体的信用有限，政府以主权信用借入和担保的中长期债务（Public and public guaranteed debt，以下简称 PPG 债务）是这类资本的主要部分。从债权方来看，这类资本曾长期主要由国外公共或官方机构提供，用于支持经济发展相关的公共项目和投资，后者又多数投向水、电、交通等基础设施，因而发展中国家政府和政府担保借入的中长期信贷在很大程度上是国际发展融资。

提供发展融资的包括多边发展组织（如世界银行集团、区域性发展银行或基础设施投资银行）、政府部门 [通过官方双边渠道提供具有优惠性质的官方发展援助（Official development assistance，ODA）] 和官方支持的金融机构，也包括民间或商业机构（如商业银行及国际市场债券持有人）。发展中国家中长期发展融资的来源，或 PPG 债务的债权方构成从官方向非官方资本的变化是过去半个世纪的长期趋势。

1.3　资本流入发展中国家的趋势和特点

综观第二次世界大战后尤其是 1970 年以来半个多世纪资本流入发展中国家的数据，分析其规模、构成和分布，可以看到两个长期趋势和五个突出特点，这些趋势和特点在 2008 年国际金融危机后的十来年更加明显。本章图 1.2 至图 1.5 的数据主要来自世界银行，低收入和中等收入国家按人均国民收入（GNI per capita）定义，世界银行动态（每年）调整中等和低收入的人均 GNI 标准。

第一个也是最显著的长期趋势是流入发展中国家资本构成中

官方和官方支持资金的比重下降，非官方或民间（私人）资本的比重上升。第二次世界大战后至20世纪70年代初，流入发展中国家的基本是发达国家政府（包括通过国际发展组织）提供的发展援助和官方支持的贷款。从50年代起，虽然外国直接投资占流入发展中国家外资的20%~30%，对发展中国家的出口信贷也有增加，但发展中国家仍然没有或严重缺乏按商业条件从国际市场借入中长期资金的能力。20世纪70年代第一次石油危机爆发，1973—1974年国际油价高涨，相当部分石油美元通过发达国家商业银行信贷回流至发展中国家。非官方资本流入占比明显上升，但随着拉丁美洲债务危机的爆发，这一轮发达国家商业银行贷款的流入在1982年戛然而止。私人资本流入大幅下降的类似波动也发生在亚洲金融危机和2008年国际金融危机期间。但比较20世纪70年代和90年代以及21世纪前二十年，包括比较2008年国际金融危机前后5年的年度平均，非官方资本占比上升的长期趋势明显，不管是从全部发展中国家的数据来看，还是只从低收入国家的数据来看。① 即使不算流入发展中国家资金中占主要部分的外来（对私营部门）直接投资，对发展中国家公共部门的国际资金支持在2010—2019年也呈官方来源下降、非官方（私人）

① 发展中国家的民间或非官方资本净流入（流入减流出），从1975—1982年相当于这些国家GNP的68%增加到1990—1998年的79%，同期官方资本流入从32%下降至21%（Akyuez, Y. and A. Cornford, 1999, Table 1）。比较国际金融危机前后，民间资本净流入发展中国家2003—2007年度平均略超7000亿美元，2010—2013年则升至近8400亿美元（Tyson, J. et al., 2014，Figure 2）。单看低收入国家，流入的民间资本包括类资本（见第1.2节定义）从20世纪80年代占这些国家GDP比重的2%上升至2006年的8%，同期官方资本和类资本流入占GDP的比重在2%徘徊（Dorsey, T. et al., 2008）。看低收入国家资本流入的中位数，民间资本流入占GDP的比重从2005年的2.8%上升至2017年的6.6%，同期官方发展援助（ODA）从11%下降至6.8%（Lee, N. and A. Sami, 2019）。

来源上升的趋势。① 按世界银行国家人均收入分组定义，21 世纪前 20 年净流入中等和低收入国家的长期外资也印证了这一趋势（见图 1.1）。

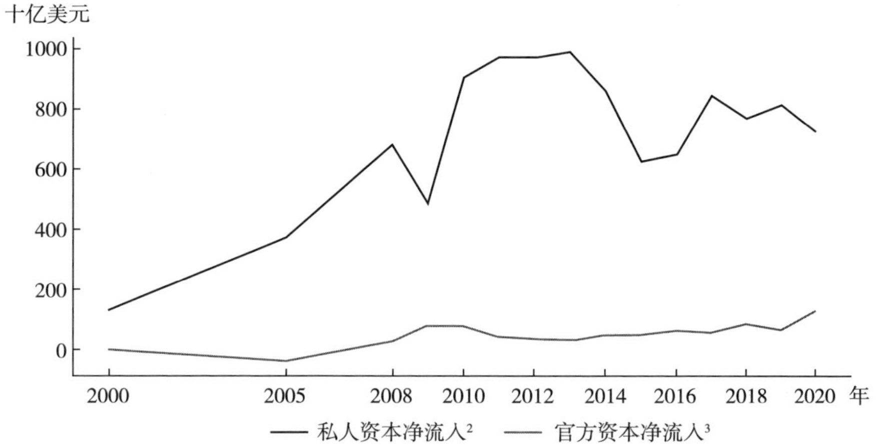

注：1. 净资本流入指同类资本的流入减去流出，如借贷放款数减去还本付息。
2. 外国直接净投资流入加上非官方债务资本净流入，不含股票市场流入。
3. 含官方多边和官方双边资本净流入。

图1.1　中等和低收入国家长期外资净流入：2000—2020年[1]

（资料来源：世界银行 IDS 数据库，国际清算银行）

第二个显著的长期趋势是流入发展中国家的资本来源多元化，从完全由发达国家提供到新兴市场国家比重逐渐增加，无论是从官方和官方支持的跨境中长期信贷来看，还是从民间、企业的对外直接投资来看。通过分析 1981—2006 年的数据，IMF 已察觉低收入国家的官方双边援助国和债权国不再全是“传统”发达国家，新兴市场国家重要性上升。国际金融危机后的发展印证了这一趋势。2005—2020 年的数据表明，新兴市场国家官方双边债

① 据世界银行债务国报告系统（DRS）和经济合作与发展组织信贷报告系统（CRS）数据，官方和官方支持的来源从 2010 年的 64% 下降至 2019 年的 52%，非官方来源从 36% 上升至 48% (World Bank, 2021a)。

权国在低收入国家主权外债中的比重，主要由中国推动，已远超巴黎俱乐部——由发达或经济合作与发展组织（OECD）国家组成的非正式官方债权人组织。2016 年中国企业在非洲的直接投资存量已接近美国、英国、法国等传统投资来源国。①

流入发展中国家的资本呈现五个突出特点。

第一，传统或发达援助和债权国提供的官方与官方支持的资本中信贷比重下降，无偿援助比重相对增加，尤其是在发展中国家债务危机后。发达国家的官方双边债权先后经过 20 世纪 80~90 年代巴黎俱乐部谈判的展期、重组，1996 年“重债穷国减债倡议”（Highly Indebted Poor Countries Initiative，HIPC Initiative）和此后进一步减债倡议（Enhanced HIPC Initiative）下的减免已大幅下降。2005 年 IMF、世界银行、地区性发展银行在“多边减债倡议”（Multilateral Debt Relief Initiative, MDRI）下对符合条件的低收入国家进行了债务减免，包括这些机构以极优惠条件提供的长期贷款。新兴市场债权和援助国也支持和参加国际债务减免倡议，但其信贷规模在国际金融危机后有较大增长，相对于无偿援助的比重没有降低。

第二，即使是在全球性经济金融危机时，非官方或民间资本流入中相对稳定的也是 FDI。民间资本主要是直接投资高度集中在新兴市场和中等收入国家，20 世纪 90 年代亚洲、拉美、中东的 20 个新兴市场国家吸引了流向发展中国家非官方外资的 90%，中国、巴西、印度 2010—2013 年的占比超过 1/3。虽然低收入国

① 对 1980—2016 年数据的分析见 Dorsey, T., et al. (2008)。新兴市场国家债权比重变化见世界银行近年《国际债务统计》（IDS）和 Chabert, G., et al. (2022)。中国企业在非洲 FDI 见 Lee, N. and A. Sami (2019)。

家占流入发展中国家民间资本的份额很小（2010—2013 年约占 3%），FDI 还是较稳定，占低收入国家 GDP 的比重从 2003 年的 2.6%，经过国际金融危机，增加至 2012 年的 5%。FDI 对低收入国家相对更重要，从 2005—2017 年 FDI 流入中位数来看，FDI 占非官方外资的七成，高于同期中等收入国家的五成（其余五成是商业银行等民间信贷和国际市场债券）。[①] 进入新兴市场和发展中国家的直接投资推动国际供应链的形成，是 21 世纪前 20 年全球化最重要的成果之一（见图 1.2）。如前所述，国际直接投资的来源出现多元化，以中国为代表的新兴市场国家已成为直接投资的重要来源国。

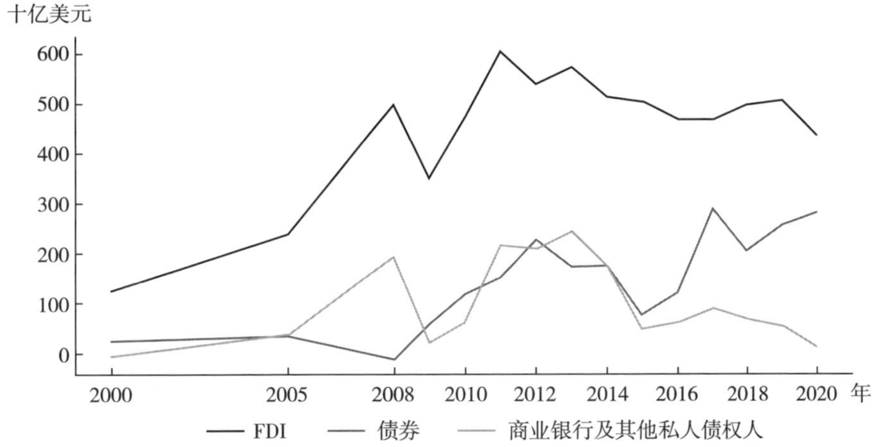

图1.2 中等和低收入国家：长期非官方外资净流入构成，2000—2020年

（资料来源：世界银行《国际债务统计》（IDS）数据库，国际清算银行）

第三，非官方或民间资本中波动性最大的是商业银行贷款和证券投资，后者对中等和低收入国家来说主要是国际市场债券。

① 见 Akyuz, Y. and A. Cornford (1999), Tyson, J., et al.（2014） 和 Lee, N. and A. Sami (2019)。

发达国家商业银行银团贷款在20世纪70年代曾占流入发展中国家非官方资本的3/4以上。经过80年代的拉美债务危机，90年代这类贷款重启并转向亚洲新兴市场。拉美债务和亚洲金融危机后，发达国家银行债权人组成的伦敦俱乐部通过集体谈判对债务危机国的债务进行重组减免，这些国家商业银行对发展中国家的债权大幅下降。发达国家银行贷款下降的同时，新兴市场和中等收入国家外资中国际债券的比重从20世纪90年代起开始上升。2008年国际金融危机后，低收入国家也加入在国际市场发行美元、欧元债券的行列。中等和低收入国家主权债务中国际债券持有人比重上升是最近20年的突出特点（见图1.3）。[①]

第四，驱动非官方资本流入发展中国家的因素中最具决定性的是一国的营商和政策环境，而不是资源禀赋。经济学者将影响跨境资本流向的因素分为吸引（Pull）和推动（Push）两大类，前者主要是外资流入国特定的因素，后者是全球环境。影响外国直接投资最重要的是公平竞争、产权保护、法治税收、基础设施、人力资源等营商和政策环境。直接投资是长期资金，进入和退出都有一定成本，因此比较稳定，目的地主要集中在亚洲、拉美等新兴市场区域。银行贷款和国际债券投资则对大宗商品价格和国际市场利率更加敏感。统计和计量分析表明一国的资源禀赋，是否天然资源或大宗商品出口国不显著影响外资在发展中国家的分布。过去三十年发展中国家资本账户开放，经济活动由政府所有控制到民营化市场化的改革也吸引了外资。发达国家制造业外包、养老基金等长期资本多样化全球化投资也是重要的推动

① World Bank (2021a)。

因素。[①]

第五，低收入国家吸引外资的能力有限，政府和政府担保的中长期信贷仍是主要方式。数据表明，截至新冠疫情暴发前，流入低收入国家的外资主要是官方多边和双边发展援助及官方支持的信贷（见图 1.4）。受这些国家企业和市场主体偿付能力与市场信用等限制，低收入国家通过银行和国际债券市场融资也主要以政府和政府担保的方式。和官方信贷相比，国际银行贷款和市场债券的偿付成本（利率、宽限期、还款期）更高，因此违约的风险也更高。过去几十年的历史表明，每次国际债务或金融危机后，流入发展中国家的无政府担保的民间资本占全部外资的比重往往下降，政府担保的外资份额上升。

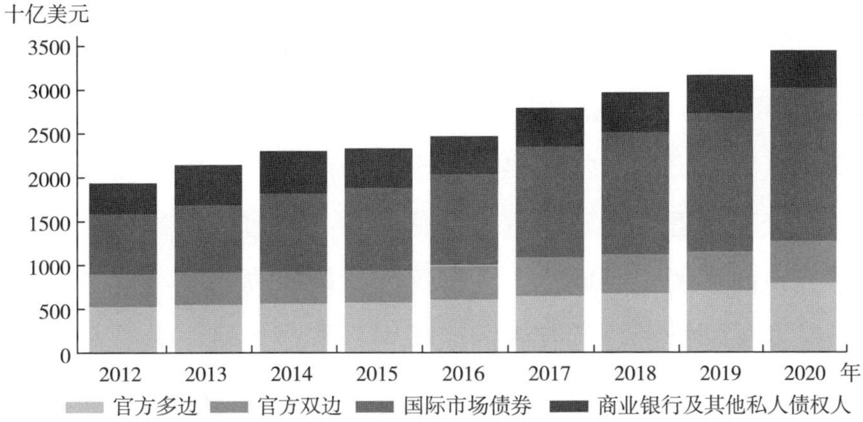

图1.3　中等和低收入国家：主权外债的债权人构成，2012—2020年

① Dorsey, T. et al. (2008), Tyson, J. et al. (2014), Lee, N. and A. Sami (2019)。

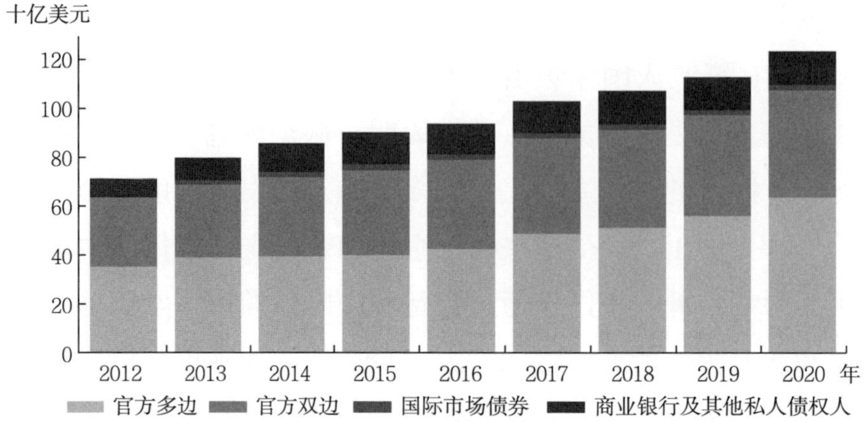

注：低收入国家按 2021 年定义是人均 GNI 小于 1046 美元的国家；中等收入国家是人均 GNI 为 1046 美元至 12535 美元的国家。

图1.4 低收入国家：主权外债的债权人构成，2012—2020年

（资料来源：世界银行 IDS 2022）

1.4 官方支持的发展融资与大国担当

在后疫情、后全球化时代，官方和官方支持的中长期融资对中低收入国家仍然非常重要，甚至越来越重要。国际政治经济格局和安全环境近年来发生重大变化，加上新冠疫情暴发、全球化收缩或转向集团化区域化、美国等发达国家高通胀、信贷收缩，已经对发展中特别是低收入国家吸引外资产生负面影响。即使在新冠疫情前，低收入国家得到的官方发展援助也高于境外民间投融资（见第 1.3 节）。随着极端天气和灾害频发，国际社会需要落实应对气候变化的承诺，促进能源低碳转型。低收入国家在这些方面特别需要国际支持和帮助。这些国家的经济发展、人民脱贫所需基础设施建设和机器设备等资本品进口都需要国际发展融资。发展中国家应对疫情、改善医疗、实现联合国 2030 年可持续发展目标（SDGs）也需要国际社会的支持。

然而，与中低收入国家发展投融资需求形成尖锐矛盾的，是对外债务偿付危机在这些国家蔓延。本书中“中低收入国家”特指世界银行定义的低收入（Low-income）和中等偏下收入（Lower-middle-income）国家，按 2021 年 7 月更新的定义，指人均 GNI 在 4095 美元以下的国家和地区。① 中低收入国家政府和政府担保外债的偿付困难并非始于新冠疫情。经济增长放缓、财政赤字高企、商业性借债尤其是债券偿债成本（利息）上升是疫情前加重这些国家对外债务负担的主要因素（UN，2022，第Ⅲ章）。2020 年新冠疫情暴发初期，G20 就发起了 DSSI。② 参加 DSSI 的中低收入债务国被延后的利息加到期本金自 2022 年起普遍大幅上升。2022 年以来，俄乌冲突和美联储加息缩表的叠加效应沉重打击依赖能源和粮食进口，以及旅游服务业和侨汇收入的中低收入债务国。这些国家受到疫情重创外汇和财政收入、国际能源和粮食价格推高进口成本、到期债券等商业性债务难以通过国际市场再融资的三重打击。一些国家如斯里兰卡等，陷入能源、国际收支、债务偿付乃至政治危机。

国际社会应对发展中国家主权债务危机离不开中国。以中国为代表的新兴经济体崛起，以及外资流入发展中国家的发展趋势和构成变化使 20 世纪形成的全球跨境融资治理体系无法有效应对 21 世纪的主权债务危机。这一领域的改革必须有中国的参与，必须反映新兴市场国家的利益和现实。随着“一带一路”倡议的实施，我国企业“走出去”跨国投资经营，对外投融资已产生大

① 据世界银行的统计，2022 年全球有 28 个低收入国家，54 个中等偏下收入国家和地区。本书的“中低收入国家”与符合 G20 DSSI 资格所包括的国家大致相同。

② 从 2020 年 5 月至 2021 年底为参加 DSSI 的 48 个中低收入债务国暂缓债务 129 亿美元（G20，2022a）。

量分布全球的海外资产。海外资产的安全是一国的重要关切。此外，改革开放进程中市场在资源配置中起决定性作用的领域不断扩大，对外投融资企业的行为、治理、属性都发生了根本性的变化。反映在对外债权上，就是商业信贷和项目融资已远超严格意义上的官方双边债权，这些变化也增加了处置境外债权的复杂性。

我国已成为发展中国家最大的官方双边债权国、多边金融机构的主要股东，也是全球跨境中长期融资治理体系改革的重大利益攸关方。在全球化遭遇逆流、地缘政治风险高企、世界政治经济存在滑向“冷战”格局危险的今天，我国旗帜鲜明地支持多边主义，支持多边机构，支持发展中国家，体现了大国的担当。

国际融资治理体系改革对发展中国家至关重要，也是全球治理改革诸多方面中比较迫切、达成共识难度相对较小的领域。国际融资治理体系改革离不开世界第二大经济体中国的参与，是我国和美国、欧盟、日本等发达国家能够合作、必须合作的领域。我国经济面临人口老龄化、房地产长周期拐点、间接融资风险积累和直接融资模式此消彼长等结构性变化，对长期经济增长产生下行压力。今后一段时期，也是我国跨越“中等收入陷阱”的关键时期。在全球跨境融资治理体系改革中发挥积极的领导作用将拓宽我国国际合作的空间，为我国从高速度向高质量发展转型创造更有利的国际环境。

1.5 本书研究的对象、主线、问题和方法

本书研究的对象从债权方来看是官方和官方支持的跨境中长期信贷（含贷款、担保、保险）融资，从债务方来看是发展中国

家主要是中低收入国家政府和政府担保（主权）的对外债务。官方就是政府部门。官方支持就是使用财政拨款或补贴，以及政府部门通过相关政策（如税收优惠）或稳定的机制（如低成本资金来源）提供的隐性支持。本书对官方和官方支持的定义与发达国家流行的观点不同，不以贷款机构是否国有和国有控股为标准。本书的定义更反映新兴市场大国尤其是转型经济体的现实，在事关治理体系改革的重大问题上重实质，而不仅看表面形式。

跨境融资治理体系有两个最重要的方面：官方和官方支持的跨境中长期融资国际规则的制定和发展，以及主权债务危机的预防和解决。后者在国际社会中又叫“国际债务架构”（International debt architecture）的改革。国际债务架构包括协调各类[①]债权人参与债务处置（暂停、展期、重组、减免等）的机制、主权债务契约、国际金融组织，以及支持有序债务处置的政策框架。

跨境融资的全球治理与商品、劳务、知识产权的国际贸易治理有相同之处。尽管第二次世界大战后成立了由主权国家组成的联合国，但没有“世界政府”，全球治理体系由主权国家和主权国家集团通过博弈谈判形成。跨境中长期融资尤其是其中的出口信贷与高单价高技术含量的资本品，如飞机、船舶、轨道交通、发电乃至应对气候变化相关民用机电设备的国际贸易，以及国际工程承包紧密相关。公平竞争是涉及各国经济、就业的重要关切。跨境融资治理体系也有特殊之处，与债务在主权国家内处置、偿付危机处理不同，当今世界还没有真正意义的“最后贷款

① 官方与非官方债权人，官方双边债权人主要指发达与新兴市场债权国，非官方债权人主要指银行类信贷机构与市场债券持有人。

人”。[①] 主权债务以政府对本国居民和企业征收税费的能力为还款来源，债务国无力或无意偿付时也无法进行破产清算。此外，官方债务与民间商业性债务契约适用和可执行的法律、司法程序都不同。

跨境融资治理体系的上述两个方面还相互联系。国际规则的制定和发展旨在维护公平竞争，也为了防止债务危机的发生。每次国际债务危机也会反过来促进相关国际规则的改进。随着国际融资主体构成的变化、科学技术的发展、新的国际贸易流通领域出现，国际融资规则需要完善和发展。现行国际债务处置的各种组织、机制是在特定历史场合分别形成的，随着时代变迁，在协调各类债权人参与、实现国际社会特别是发展中国家对国际债务处置公平、实质、及时的要求等方面都暴露出了明显缺陷。[②]

跨境中长期融资全球治理体系的这两个方面就是本书研究的主线，全书的讨论按这两条主线联系展开，要回答的主要问题是：

（1）为什么现行国际治理体系中发展融资的规则必须改革？中国等新兴市场国家成为发展融资输出国给现行规则体系带来哪些变化和挑战？这些挑战的实质是什么？

（2）现行国际主权债务处置架构有哪些主要缺陷？改革的难点和关键在哪里？

（3）中国官方支持的对外融资引起哪些国际争议？如何客观看待这些争议？中国官方和官方支持的发展融资与其他新兴市场国家相比有什么共性和不同？

① Fischer (1999)。
② G24（2020）。

（4）中国国内有哪些观点和关切？当前低收入重债国外债构成中多边和商业债权人比重远超中国。在多边债权人贷款推高债务国外债现值但又不参加主权债务重组减免的情况下，要求中国在国际主权债务处置中发挥更大作用、官方双边债权人首先处置债务是否公平？

（5）在国际治理体系改革和重构中中国与发达国家的主要分歧在哪里？这些分歧背后的原因是什么？我们面临什么选择？

（6）在跨境中长期融资规则和主权债务处置架构的改革中如何克服国内外障碍？如何提高在"共同框架"下处置中低收入国家债务的效率？后疫情时代国内外债务处置等对中国对外信贷的未来有何影响？对推动改革有什么建议？

本书研究的方法是历史、实证与制度分析相结合，紧扣现实挑战和案例，研究国内改革和国际治理的表面与深层次的关系。由于国内相关数据披露的局限，本书的实证研究主要依靠世界银行债务国报告系统（Debtor Reporting System, DRS）和 IMF 对成员国债务可持续分析（DSA）提供的数据，辅以我们从国内外公开渠道，有关机构、智库以及 OECD 研究报告收集的资料。

在本书的研究过程中，研究团队倾听国内涉外金融机构从业人员的声音，反映国内不同观点，实事求是解读问题。本书力求反映的情况真实，分析中肯，提出的建议有针对性、接地气。本书也不回避国际学术界、业界对中国对外贷款的质疑和批评，基于事实和理性分析予以正面回应。结合国情分析我国涉外金融，直面国内关切和国际质疑是本书有别于其他相关研究的特点。

考虑到新冠疫情冲击、国际经济金融环境剧变对我国中长期对外融资和"一带一路"建设的影响，本书的主题从实质来说，是我国“一带一路”倡议在百年未有之大变局背景下的可持续课题。因此本书是 2022 年初出版的《建设绿色丝绸之路：中国海外电力投融资转型研究》的姊妹篇，这两项研究分别从应对气候变化和债务两个方面分析我国海外投融资的可持续问题。[①]

1.6 本书的结构和主要结论

第一章给出本书的研究背景、研究对象、分析主线和核心问题。第二、第三章分别解析战后全球跨境融资治理体系的两个重要方面——国际规则制定和债务处置架构——的发展和演进，中国等新兴市场国家崛起改变世界格局的影响、问题、现状，以及与发达国家的博弈。第四章综述国内外对中国跨境融资和债务处置的研究，包括对中国对外贷款和债务处置实践的误解和质疑。第五章首先列举国内对参与国际融资治理体系改革，尤其是债务处置的不同观点和关切、中国成为主要发展融资提供方和发展中国家最大官方双边债权国面对的挑战，然后讨论新兴市场大国和发达国家主导国际治理体系的分歧，即全球一个体系一套规则，还是另起炉灶，以及国内改革和国际体系重构的关联。第六、第七章在前面四章的基础上分别讨论后疫情时代国际融资规则和主权债务处置架构改革的目的、方向、焦点、约束，及其与国内改革的关系，并对国内的不同观点和关切、国外质疑给出分析和回应。最后一章提出深化我国对外投融资领域改革的建议。

本书对第一章提出六个问题的回答分别是：

（1）新兴市场国家在世界经济中地位的上升极大地改变了国

① 王建业等著（2022）。

际发展融资格局，传统债权国份额下降，原有国际融资规则有效性、内部约束力降低，与 21 世纪世界经济的现实和发展不相适应。新兴市场国家带来的挑战表面上是透明度、隐性补贴、债务可持续等，实质是政府与市场的关系，即官方支持的资金市场和非官方、商业性竞争市场是否分开，官商是否分清的问题。

（2）原有国际主权债务处置架构的主要缺陷源自发展中国家主权债务债权人构成的变化。官方债权人（官方双边债权国之间，双边债权国与多边金融机构之间）协调的效率下降，非官方债权中国际市场债券比重上升加剧了“集体行动”困境。改革的关键在于厘清新兴债权国的官方和非官方对外债权，加强国内涉外信贷机构的改革和协调，加强官方双边和主要多边债权人的协调，以及提高非官方债权人尤其是债券持有人的参与度。

（3）国外对我国国际信贷的争议主要是缺少信息披露，不受债务可持续约束，债务处置主要经双边开展且不与其他债权人共享信息。客观地看，我国对外债权信息披露确实不多；对外信贷也遇到较多偿付问题，风险比较集中；债务处置的传统做法与“共同框架”有差距。我国和其他新兴债权国都在现有国际规则（“君子协定”）之外，与这些国家最明显的不同是中国是发展中国家最大的官方双边债权国，成为各方关注的焦点。我国经济体制转型的特点也影响对外信贷和债权。

（4）国内主要的关切是多边债权人不参加债务处置，却负责估算债务减免深度等参数，要求双边债权人按这些参数率先达成一揽子债务减免协议，不符合实际，也不够公平。新兴债权国处置海外债权所受的国内约束的确与传统债权国不同。必须加强与 IMF 等机构的协商，并加快国内改革，在解决国内关切的同时，提高“共同框架”下债务处置的效率。

债务国违约，债权人得不到偿付，债权实际已经打折（净现值下降）。债务处置将债权打折契约化，让债务国走出“欠债诅咒”。公平、实质、及时的债务处置使债务国尽快恢复偿付能力、债权人最大限度地减少损失，符合双方长远利益。若债权人参与不足，导致债务处置拖延、失败，不仅对债务国不公平，债权人损失也将延续。最大官方双边债权国有责任与国际金融组织合作推动国际债务处置，可以也应该发挥积极领导作用。

（5）在国际治理体系的改革中，我国与发达国家的主要分歧不在目标，甚至不在基本原则，更多在于做法或实施方式。这些分歧的背后是相关国家国内因素的制约（如在规则改革提高透明度，债务处置区分官方与非官方债权等方面）。面对全球一个体系、一套规则，还是另起炉灶，考虑到我国是布雷顿森林协定的创始成员国，是战后国际经济金融治理体系的受益方，更是推动改革的关键大国，且我国反对“新冷战”，反对所谓的“脱钩”，支持全球化，支持多边主义，支持发展中国家，因此另起炉灶不是可行持久的选项。真正的选择是克服国内外障碍，推动国际融资治理体系朝更公平、更有效、更符合 21 世纪国际竞争现实的方向改革。

（6）对于深化我国对外投融资领域改革开放，本书的建议包括：明确区分官方和非官方对外债权；加强发展融资领域的国内协调，通过对内理顺利益、责任和约束，对外有效务实协商，提高“共同框架”下债务处置的效率；扎实提高对外投融资透明度，正面回应国外质疑；真正落实对外贷款的债务可持续框架；切实采取举措打破贷款—债务重组周期性轮回，实现可持续发展融资；顺应对外投融资的长期趋势，扩大人民币在对外投融资中的使用。

专栏1.1　中国的资本输出：投资与信贷

资本输出包括本国居民、企业、政府持有的境外股权（投资）和债权（贷款、债券），按官方和非官方（民间或私人）部门划分，可分为官方和非官方资本输出。

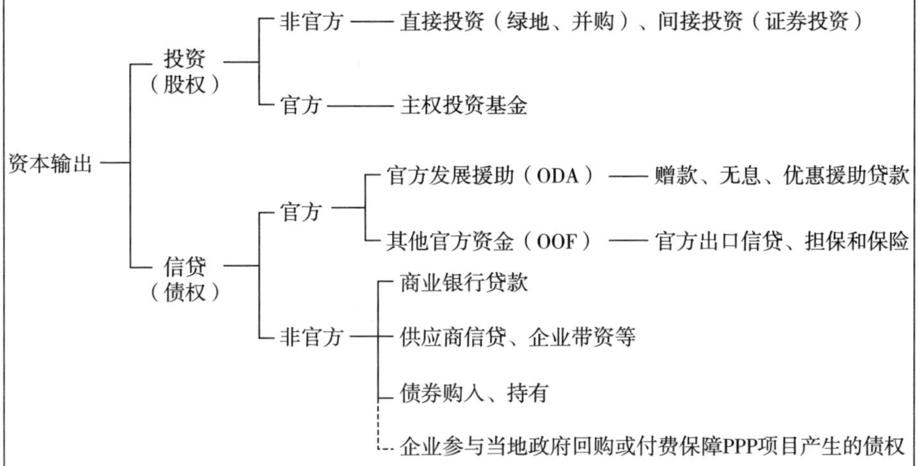

专图1.1　资本输出的分类

将中国官方统计《国际收支平衡表》和《国际投资头寸表》中的直接投资、证券投资、贷款和贸易信贷的数据进行汇总，可估算出中国资本输出的年度流量。[①] 这些数据表明，中国对外投融资在21世纪从小到大，2016年达到5303亿美元，2017年后有较大波动，其中直接投资相对稳定，信贷或债权投资波动明显。从海外资产存量看，截至2021年末，中

① 计算方法参考韩萍.论中国资本输出与经济增长的关系——基于中国2000—2019年的数据分析[J].当代经济，2021（3）.

国海外资产（除去储备资产）为5.9万亿美元，其中投资为3.6万亿美元，信贷为2.3万亿美元，股权、债权约六四开。中国对外信贷不仅包括官方发展援助和官方支持的出口信贷，也包含非官方部门的商业信贷。国际收支统计可能不完全包括我国企业参与发展中国家由东道国政府提供回购或付费保障的政府和社会资本合作（Public Private Partnership, PPP）项目所产生的债权数据，因此我国海外债权的数据有可能被低估。

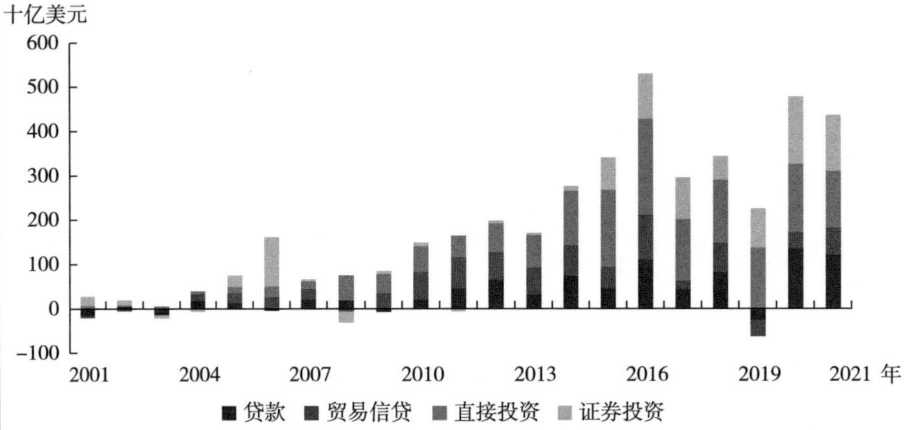

专图1.2 中国的资本输出，2001—2021年

（资料来源：国家外汇管理局）

世界银行《国际债务统计》数据表明，中国已成为低收入和中等偏下收入（本书定义的中低收入）国家政府和政府担保外债的主要官方债权方。

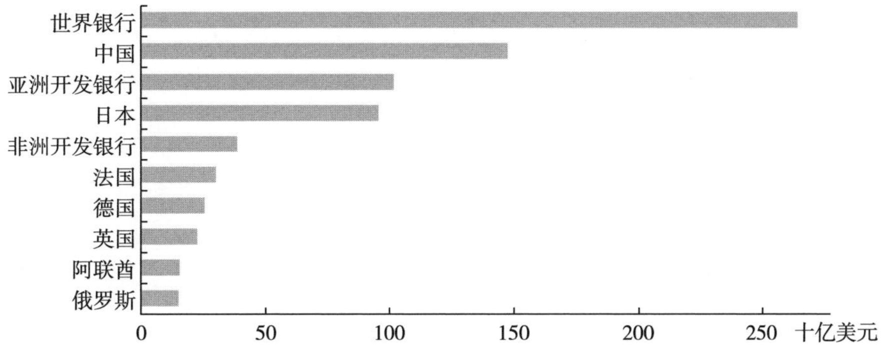

注：1. 不包括没有向世界银行债务国报告系统（DRS）报送债务数据的国家。公共外债不包括中低收入国家（主要是这些国家中央银行）“Use of IMF credit and SDR allocations”。

专图1.3　中低收入国家公共外债的前十大债权方[1]（截至2021年底）

[资料来源：世界银行《国际债务统计》（IDS）数据库]

第二章

全球治理体系演变：发展融资规则

2.1 战后世界体系：发达国家主导

发达国家对发展中国家官方和官方支持（民间和市场配置以外）的大规模、经常性资源转移包括两大部分：官方发展援助（ODA）和其他官方支持的资金（OOF），后者中很重要的部分是出口信贷、担保和保险。这两部分资源的跨境转移在第二次世界大战后逐渐体系化、制度化。从美国援助欧洲战后重建的“马歇尔计划”开始，到工业化市场经济国家之间的 OECD 1961 年在巴黎的成立，再到 OECD发展援助委员会（DAC）规范定义官方发展援助，官方发展援助的“国际”规则由发达国家针对遇到的矛盾和问题，经过协商谈判建立，是发达国家之间的规则。① 同样地，官方支持的出口信贷规则也是经过多年的博弈谈判而形成，并在此后不断修改更新。由于新兴市场经济体的崛起主要在 21 世纪，现行在 20 世纪中叶制定的国际规则体系仍由发达国家主导。

2.1.1 官方发展援助

为了协调 OECD 成员国对发展中国家各式各样的支持，统一资源转移的标准，DAC 1969 年对官方发展援助作出规范，要点

① 2022 年 DAC 成员包括欧洲国家（含欧盟）、美国、日本、韩国、澳大利亚、新西兰，观察员（Observers）是多边金融机构，参与国（Participants）包括阿塞拜疆、保加利亚、罗马尼亚、沙特阿拉伯、科威特、卡塔尔、阿联酋，参见 https://oecd.org/dac/development-assistance-committee/。

有三：第一，官方发展援助必须是官方部门行为，官方部门包括“中央和地方政府或它们的执行机构”；第二，官方发展援助的主要目的必须是“促进发展中国家的经济发展和提高福利水平”；第三，官方发展援助，如果以贷款方式提供，必须足够优惠。优惠度，即赠与或无偿援助成分（Grant element）占贷款面值的比重，必须达到一定的门槛（以固定折现率计算）。1978 年以后绝大部分 DAC 成员国全部官方发展援助（赠款加贷款）赠与成分已在 85% 以上。[①] 这一定义清楚表明官方发展援助资金来自公共财政，排除了对高收入非工业化国家的援助，也排除了优惠度较低的资源转移，为联合国大会 1970 年通过要求发达国家国际援助不低于援助提供国 GNI 0.7% 的决议提供了统计定义明确的标准。净官方发展援助就是官方发展援助赠款加贷款发放量减去贷款本金偿还额。

发达国家官方发展援助“国际”规则最主要有三部分内容：**最低优惠度**、非约束性、透明度要求。影响优惠度或赠与成分计算最重要的因素是折现率。受援国越不发达，融资成本越高，经济意义上的折现率就高。一笔同样面值贷款，在其他参数确定的情况下，折现率越高，计算出来的赠与成分就越高。[②] DAC 定义官方发展援助时，对最不发达、中低收入、中高收入国家，以及多边组织、机构（包括发展银行）的贷款适用折现率分别作出了规定。但 DAC 还规定“所有融资条件不符合 IMF‘债务上限政策’（Debt Limits

① DAC 在 1972 年明确官方发展援助贷款赠与度 25% 以上的标准。与此同时，除意大利以外的 DAC 成员国表明它们全部官方发展援助（赠款加贷款）赠与成分至少在 84% 以上，并在 1978 年将这一比重提高到 86%。参见 www.oecd.org/dac/financing-sustainable-development-finance-standards/official-development-assistance.htm。

② 对优惠度计算、赠与成分方法发展历史的回顾和讨论见 Scott, S. (2017)。OECD 从 2014 年起使用“等额赠款”（Grant equivalent）来统计官方发展援助。

Policy）和世界银行集团国际发展协会（IDA）‘非优惠借款政策’（Non-concessional Borrowing Policy）的贷款都不算官方发展援助”。①

IMF 和世界银行执行理事会通过的最低优惠度——赠与成分 35% 以上，使用 5% 的固定折现率计算——实际上成了普遍使用的标准。② IMF 和世界银行集团起源于 1944 年旨在建立战后国际经济金融秩序和治理体系的布雷顿森林会议，俗称布雷顿森林机构，中国是布雷顿森林会议的参与国。这两家机构对世界各国应对国际收支和金融危机、支持发展中国家尤其是低收入国家经济发展负有牵头的责任。按这两家机构的“债务上限政策”和“非优惠借款政策”，接受 IMF 及世界银行贷款的中低收入国家为了经济恢复和可持续发展，需承诺在经济调整期限制政府及政府部门从境外借入昂贵或非优惠资金，控制公共债务偿付负担的增加。③ 突破这一限制意味着违反从布雷顿森林机构借款的条件，可导致布雷顿森林机构贷款的中断。

非约束性（Untying）是发达国家官方发展援助“国际”规则的另一重要部分。援助国要求受援国使用官方发展援助资金从其购买产品和服务就是约束性援助。据 OECD 研究，约束性规定导

---

① 援助贷款其他参数往往由政府间协定确定，包括币种、贷款金额、放款计划，利率，宽限期，还款期，每年还款次数等。DAC 对最不发达、中低收入、中高收入国家，以及给多边发展银行等机构的贷款适用折现率分别定为 9%、7%、6% 和 5%, 对应的最低赠与成分要求是 45%、15%、10% 和 10%。DAC 还规定了成员国援助贷款融资条件与 IMF、世界银行非优惠贷款限制政策的关系。参见 www.oecd.org/dac/financing-sustainable-development/development-finance-standards/officialdevelopmentassistancedefinitionand coverage.htm。

② 见 IMF “Policy on Public Debt Limits in Fund Supported Program” (2021), para. 35, and Annex IV，以及 IDA (2019), para. 10。

③ 世界银行集团向低收入国家提供软贷款的机构国际发展协会（IDA）2020 年推出《可持续发展融资政策》，逐步替代“非优惠借款政策”。新政策更注重与债权人沟通，协调提高债务透明度。

致采购成本提高 15%~30%，降低了援助有效性。“非约束性”（或“去限制性”）就是从法律和实际执行两个方面给予受援国及其机构从非援助国采购的自主权，从而提高受援国对援助项目的主人感和援助有效性。OECD 2001 年发布《非约束官方发展援助建议》，要求 DAC 成员国的官方发展援助“最大限度”去约束性。该建议先后在 2007 年、2018 年更新，将适用范围从最不发达国家扩展到所有“重债穷国”和其他中低收入国家，并呼吁非 DAC 援助国加大去约束性的努力。据 DAC 最新的报告，非约束性援助占 DAC 成员国 2020 年双边官方发展援助的比重超过 82%。①

信息透明度也是发达国家发展援助的重要规则。OECD 成员国对官方发展援助信息披露有共识：公布受援国国别和地区，公布援助资金流向的行业，如基础设施、教育、社会、民生、生产等，公布受援单位的种类，如公共部门、非政府部门、私人企业等，项目层面的信息则向 OECD 的信贷报告系统（Credit Reporting System）披露。②

2.1.2 官方支持的出口信贷

官方支持的出口信贷起源于西欧国家政府在私人商业机构无力或不愿覆盖大型资本性货物出口的政治、商业风险资金敞口时提供的支持，这种支持包括直接贷款、出口信用保险或担保。发达国家的官方出口信用机构（Export Credit Agency, ECA）大多成立于第二次世界大战前，主要为了支持对苏联的出口。发展中国

① DAC（2018, 2022）。

② “ODA Levels in 2021—Preliminary Data,” OECD, April 22, 2022, www.oecd.org/dac/financing-for-sustainable-development/development-finance-standards/ODA-2021-summary.pdf.

家在20世纪50~70年代迎来建立本国官方出口信贷机构的高潮。①我国随着体制改革的深入，在20世纪90年代初和21世纪初分别成立中国进出口银行和中国出口信用保险公司。世纪之交，全球出口信用机构对发展中国家提供的年度新增中长期融资承诺额超过同期双边官方发展援助，也超过多边发展机构提供的贷款。②

为了规范官方出口信贷这一有别于私营商业金融的市场，杜绝无序竞争，经过数年谈判，在1976年七国集团共识的基础上，OECD第一版《官方支持的出口信贷安排》在1978年2月出台，4月生效。由于该协定不具有国际公约的性质，对参加国不具备强制约束力，又称“君子协定”。③非国际公约的特点也有好处，参加国得以根据市场变化不断修改协定，与时俱进。“君子协定”历经修改，第一章第一条始终明确其目的在于“公平竞争”“鼓励出口商之间基于出口货物和服务的质量和价格，而不是基于获得官方支持融资优惠的竞争”。④实际上，公平竞争就是不打“补贴”战，官方支持的出口信贷只能是私营市场缺位的补充，不与私营市场竞争，不挤占私营市场。由于商业银行和保险机构已对短期贸易融资提供了较充分服务，“君子协定”覆盖还款期两年

① Stephens, M. (1999)，严启发、成泽宇（2010）。

② 据国际信用和投资保险人协会（Berne Union）数据，1998—2002年该组织成员每年对发展中国家新增中长期承诺额约850亿美元，同期双边官方发展援助和多边金融机构贷款每年分别约670亿美元和600亿美元（Wang, J., et al.，2005）。

③ “君子协定”已植入欧盟法律规则中，对欧盟成员国具有法定约束力（Schleich, J., 2021）。截至2020年，其参加国包括欧盟、美国、日本、澳大利亚、加拿大、韩国、新西兰、挪威、瑞士、土耳其等十方37国。巴西是民用航空器出口信贷行业谅解的参加国。

④ “The Arrangement seeks to foster a level playing field of official support…in order to encourage competition among exporters based on quality and price of the goods and services exported rather than on the most favorable officially supported financial terms and conditions.”

以上的中长期官方支持。

官方支持并非只限于使用财政拨款、补贴，还包括政府部门通过相关政策或稳定的机制提供的隐性支持，如为官方出口信贷提供稳定的低成本资金来源，对其债务提供主权担保，实行税收优惠等。官方支持的出口信贷也并非一定由官方出口信贷机构提供，也可由私营机构代理，如德国、法国商业机构代理的政府账户。

经过四十多年的演进发展，“君子协定”下的国际规则包括对两大类官方支持业务的约束，以及落实这些约束的程序规定。[①] **对官方支持出口信贷约束**的核心是不能“过于优惠”，从而形成对私营商业市场的不公平竞争，构成世界贸易组织（WTO）项下的禁止性补贴。这些约束通过确立最低利率、最低保费、最大官方支持比例、最长还款期等融资条件来详细规范。如最低利率就是不能低于给国内外最优客户提供的利率，不能突破“商业参考利率”（CIRR）的底线。CIRR 实质是融资货币的无风险（国债）利率加上风险溢价，由 OECD 根据融资币种国内市场动态每月调整和公布。

除了对出口信贷融资条件确立通用原则外，“君子协定”还包括船舶、核电站、民用航空器、可再生能源、减缓和适应气候变化、水资源项目、铁路、燃煤发电等行业谅解，将官方支持出口信贷的最低价格、最大官方支持比例、最大还款期等原则按这些行业的实际情况进一步细化明确。[②] 非“君子协定”国家也可参加行业谅解，受行业谅解条款的约束。例如，巴西不是 OECD 国家，但是飞机出口国，参加民用航空器的行业谅解。

① “君子协定”详细演进过程和里程碑见 Schleich, J.（2021）。国内对“君子协定”演进最新的专业解读和研究见中国出口信用保险公司（2021）。

② 2022 年 1 月版“君子协定”已不再包括燃煤发电行业谅解。

约束性官方援助（Tied aid）要求受援国购买援助国的产品和服务。援助国有可能利用这种“捆绑”特色的官方援助扩大本国产品和劳务出口，造成贸易扭曲和不公平竞争，挤压私营市场。“君子协定”核心是约束性官方援助“必须足够优惠”，这部分资金包括官方发展援助贷款、无偿援助、混合援助等。“君子协定”还对约束性援助的受援国、项目资格作出限定，就是只能对人均GNI较低、缺乏国际市场融资渠道的国家，缺乏按商业市场条件融资可行性的项目提供约束性援助。

信息披露或透明度条款也是“君子协定”最重要的组成部分或核心支柱之一。“君子协定”的落实，尤其是在初期，依靠参加国互相监督。从这个意义来说，透明度条款是“君子协定”的执行机制，参加国对这一机制的信心建立在细化至项目交易层面的信息披露。“君子协定”第四章明确规定官方支持信贷在参加国之间事前通知和信息交换，附件8详细列出通知应提供的信息，按基本信息（如通知国、涉及出口信贷机构，目的国等）、买方/借款人/担保人信息、出口货物/服务与项目的信息、官方出口信贷支持融资条款和条件信息，以及特定情况下的补充信息共217项。这种“君子协定”及行业谅解成员国之间的高透明度不仅是为了保证协定规则的严格执行，也是为了防止参加国违反WTO的反补贴协定。

2.1.3　与WTO反补贴协定的关系

“君子协定”通过WTO《补贴与反补贴措施协定》（SCM协定）的K条款成为出口信贷补贴的“安全港”。1995年生效的SCM协定是具有国际法约束力的国际协定，由《关税及贸易总协定》（GATT）东京回合同名协议修改发展而来，其目的是维护国际贸易领域的公平竞争。SCM 协定将出口补贴分为禁止性补贴、可诉的补贴、不可诉的补贴。SCM 协定附件 1“出口补贴例示清单”的第 K 项规定对符合“君子协定”出口信贷条款如最低利率的做法，不得视为禁止性补贴。也就是说，符合“君子协定”规则的出口信贷补贴得到 SCM 协定的豁免。但超出“君子协定”约束的官方支持出口信贷则有可能构成 SCM 协定的禁止性补贴，成为反补贴措施的对象。“君子协定”和 WTO 反补贴协定的概述见附录一。①

2.1.4 南南合作

半个多世纪以来，官方和官方支持流向发展中国家的资源并非全部来自发达国家，来自发展中国家主要是新兴经济体的资源在过去十几年明显增多，通常被称为“南南合作”。②类似战后发达国家主导的国际发展融资体系既包括以支持经济发展为目的的官方援助，也包括以支持大型资本性货物和服务出口为目的的官方支持出口信贷，南南合作也可分为狭义和广义两个范畴，前者只包括发展援助，后者包括发展援助和出口信贷。从历史发展来看，狭义范畴在先，然后扩展到广义范畴。

我国对发展中国家的援助始于 20 世纪 50 年代，尤其是 1956 年万隆会议之后。1964 年中国政府宣布以平等互利、不附带条件为核心的对外经济技术援助八项原则。我国对外援助资金包括无偿援助、无息贷款、优惠贷款，由国家财政拨款支持，包括对援外优惠贷款利息差额的补贴。我国对发展中国家的援助历史上以

① 关于国际贸易和投资领域反补贴国际规则的变化和现状，见 Staff of the IMF, OECD, World Bank, and WTO (2022)。

② 据 DAC 统计，2008 年 DAC 成员国提供的官方发展援助占全球官方发展援助的 90%。2021 年全球官方发展援助近 1790 亿美元，G7 占 76%（OECD 网站）。

无偿援助和无息贷款为主，但援外优惠贷款后来居上。截至 2009 年底，无偿援助和无息贷款占我国累计对外援助金额的 71%，优惠贷款占 29%。2010—2012 年无偿援助和无息贷款占同期对外援助金额的 44.3%，优惠贷款占比上升至 55.7%。①

其他新兴经济体的对外援助也开始于本国经济发展水平较低的阶段。印度的对外援助始于 20 世纪 60 年代，对象主要是周边国家。巴西 80 年代开始提供双边援助，南非也较早提供对发展中国家的援助。石油输出国沙特阿拉伯、阿联酋、科威特是 DAC 的非成员参加国（DAC participants）。

2011 年《中国的对外援助》白皮书指出，南南合作是南北合作有益、有效的补充。② 虽然新兴市场援助国作为一个整体没有正式、共同的南南合作“框架”，但对南北援助和南南援助的比较研究发现，二者最本质的区别在南北援助发生在富国和穷国之间，是前者对后者的援助和赠与，南南援助发生在发展阶段相近的国家之间，双方是追求互利共赢的合作伙伴。③ 我国强调对外援助不附带政治条件。约束性援助带动援助国国内就业，与互利共赢原则不矛盾，也可减少可能的资金挪用。此外，还有一些援助方式、形式、重点领域以及援助效果和效率方面的差别，但这些都不及赠与和互利的区别重要。

真正对发达国家主导的国际发展融资治理体系形成挑战的是

① 根据《中国的对外援助》白皮书（2011，2014）披露的数据计算。

② 《中国的对外援助》，2011 年 4 月，人民出版社，第 29 页。

③ IMF 和世界银行对南南合作的研究见 Mwase, M. and Y. Yang (2012)，Adugna, A. et. al. (2011)。国内有学者从“利他”还是“利己”，发展动机（实现联合国发展目标）还是经济动机（确保资源供给、扩大出口市场、扩展投资场所）的角度来分析（黄海波、唐露萍，2013），从“援助有效性”还是“发展有效性”方面来比较（贺文萍，2011）。

广义南南合作。从金额和规模来看，广义的发展贷款远在狭义的发展援助之上，这不仅是因为在官方对外援助中我国优惠贷款的比重超过无偿援助和无息贷款之和，也因为中国等新兴市场国家成为国际贸易和投资大国，官方支持的出口信贷在流入发展中国家资金中的重要性大幅上升。从经济角度来看，广义发展融资互利共赢的特点更接近商业合作，在实践中也经常与商业贸易、投资结合。广义南南合作对发达国家主导的国际发展融资治理体系的挑战日渐明显。由此引发的问题是，除了理念之争，新兴市场融资提供国和发达国家的实质性（或经济分析意义上的）分歧在哪里？从各国的具体实践来看，新兴市场融资提供国是否有共同利益、诉求、立场？如果有，在哪里？如果有差别，为什么？官方支持的中长期跨境融资规则体系改革的方向和目标是什么？这些问题都是第五、第六章，尤其是第六章要回答的问题。

2.2 中国和新兴市场改变发展融资格局

我国占世界经济的比重在 2008 年国际金融危机后迅速上升，2013 年成为世界货物贸易第一大国，2014 年成为服务贸易第二大国。2015 年我国对外投资超过利用外资，成为资本项下的净输出国、真正的双向投资大国。新兴市场国家（以金砖五国为代表）货物进出口总额占全球货物贸易的比重也从 2004 年的 10% 上升至 2013 年的 19%。据国际贸易方向统计，2009 年新兴市场占非洲全部贸易的四成，2010 年金砖五国已超过欧盟成为撒哈拉以南非洲最大的贸易伙伴。这些变化都深刻地影响国际发展融资格局。

影响国际发展融资格局的还有原融资格局存在的问题。发达国家的国际援助一直远低于 1970 年联合国大会提出的占 GNI 的 0.7% 的目标。[①] 这些国家主导的双边和多边融资体系曾经重视经济领域，也一度重视基础设施建设，但后来更多地转向支持社会公共服务、减少贫困、人道主义援助。发展中国家巨大的基础设施需求没能得到满足。[②] 此外，发达国家主导的发展融资体系几十年来向发展中国家投入了巨量资金，但促进经济增长的效果不明显。项目发起到落地过程中的非经济门槛较多，时间较长，效率欠佳。[③] 这些都给新兴经济体的发展融资留下了空间。中国的对外援助始于 20 世纪中叶。随着改革开放的深入，商业性质的对外贷款已成为对外债权的主要组成部分（见附录二）。应对国际金融危机的强力刺激之后，中国国内出现过剩产能，经常账户盈余需要通过扩大资本和金融账户下对外投融资实现盈余资金一定程度的回流，已经累积的外汇资产也需要从主要持有发达国家金融资产到包括发展中国家实业资产的多元化配置，进一步支持国内企业“走出去”。

2013 年，中国国家领导人提出建设“丝绸之路经济带”和“21 世纪海上丝绸之路”的合作倡议，统称“一带一路”倡议。2015 年，相关部门联合发布《推动共建丝绸之路经济带和 21 世纪海上丝绸之路的愿景与行动》，强调互联互通的基础设施建设，共商、共建、共享的合作伙伴关系，打造新亚欧大陆桥、中国—中亚—西亚、中国—中南半岛等国际经济走廊，海上以重点港口为节点，

① 据 DAC 统计其成员国 2021 年官方发展援助相当于这些国家 GNI 的 0.33%。

② 参见 OECD（2018）表 1 列出的各种估算。

③ 这方面文献较多，较有名的是非洲受援国学者对发达国家传统援助模式的批评，如 Dambisa Moyo（2010）；多边和中国金融机构支持的非洲水电站实例比较见 Chen, Y. and David, G. L. (2016)。

共同建设运输大通道。中国的国有和民营企业、各种金融机构（包括国有控股的上市公司和已经注资改制成商业银行的原“政策性”金融机构）、各种基金以及资本市场都参与了“一带一路”投融资。

新兴经济体主导成立的多边银行也是国际发展融资格局变化的重要部分。2014 年 10 月，包括中国、印度、新加坡等在内的 21 个首批意向创始成员国的财政部长或授权代表在北京签约，共同决定成立亚洲基础设施投资银行（AIIB），重点支持亚洲地区的基础设施建设和经济一体化进程。2015 年 12 月，AIIB 正式成立。截至 2021 年 10 月，AIIB 共有包括欧洲、非洲国家在内的 104 个成员国。2013 年，第五次金砖国家领导人峰会决定建立金砖国家开发银行（新发展银行，NDB），支持金砖国家经济建设，简化金砖国家间的相互结算和贷款业务。2014 年 7 月，金砖国家宣布 NDB 初始资本为 1000 亿美元，由 5 个创始成员国平均出资。2015 年 7 月，NDB 开业。

世界银行研究人员利用债务国报告系统（DRS）的数据，结合 OECD 发达债权国发展援助委员会（DAC）统计，以及 OECD 信贷报告系统（CRS）收集的数据，研究分析外部资金对发展中国家公共部门支持的变化，并于 2011 年和 2021 年发布报告。这两份报告从概念上讲与本书的研究对象很接近，关注中长期贷款，不包括绝大部分外国直接投资（对私营或非公共部门的投资）。报告显示，金砖五国对撒哈拉以南非洲的信贷放款额从 2007 年的约 20 亿美元快速上升到 2010 年的超过 60 亿美元，几乎完全由中国驱动。2010—2019 年，官方双边对发展中国家的贷款中超过 50% 来自金砖国家。加上多边发展银行等其他贷款来源，新兴经济体（以金砖国家为代表）提供了发展中国家外部贷款的22%，世界银行和中国成了前两大贷款来源。[①]

2.3 新兴和发达融资提供国的博弈

中国等新兴经济体国际发展融资的增加对发达国家主导的国际治理和规则体系形成了挑战。2005年，时任美国副国务卿的佐利克发表“中国是利益攸关方”的讲话，认可中国是战后国际体系的重要成员，希望中国参与维护当今体系，并和美国一起构建未来的国际体系。美国有关方面也就稳定贸易融资、应对国际金融危机与中国有过接触。2012年，两国领导人决定发起新兴市场和发达国家的集体谈判，成立国际出口信贷工作组（International Working Group on Export Credits, IWG），旨在达成一套新的官方支持出口信贷国际规则。

IWG由9个新兴市场经济体（中国、印度、俄罗斯、巴西、南非、印度尼西亚、马来西亚、土耳其、以色列）和9个发达经济体[美国、欧盟（代表27国）、日本、加拿大、澳大利亚、新西兰、韩国、瑞士、挪威]组成，由美国、中国、巴西、欧盟组成的指导组轮流主持在华盛顿、北京、巴西、欧洲举行的谈判。IWG谈判在技术层面取得一些进展，如船舶融资等，但终因非技术层面的分歧过大，加上主要国家国内政治以及国际地缘政治的变化，2020年11月欧盟、澳大利亚、巴西、加拿大、日本、韩国、新西兰、挪威、瑞士、土耳其及美国的副部长级官员发表联

① Adugna, A. et. al. (2011), World Bank (2021a). 由于缺乏新兴经济体公布的对外发展融资数据，也由于新兴经济体官方双边贷款不包括这些国家通过多边机构对发展中国家的资金支持，世界银行研究报告有可能低估新兴经济体在发展中国家外来贷款的份额。

合声明，宣布暂停技术层面的谈判一年，直到各谈判方高层级对 IWG 的目标和核心原则（如透明度和债务可持续）作出承诺。[①] IWG 谈判进入停顿状态。

主要发达国家对国际贸易和融资领域所谓“非市场导向政策和做法”的反对由来已久。2017 年 12 月至 2020 年 1 月，美国、欧盟、日本的贸易部长 7 次发布联合声明，就国际经济规则的调整表明共同立场。美欧日还决定发起修改 WTO《补贴与反补贴措施协定》规则的谈判，三方的改革方案将“非市场导向政策和做法”具体到产业补贴和国有企业的非市场优势和非市场的国内行为，如建议将国有企业列为《补贴与反补贴措施协定》规则下的“公共机构”来规范，增加“有害补贴”类型，包括基于隐性政府担保下国有银行提供的与公司资信不符的贷款、政府和政府控制机构非商业条件下的投资、非商业债转股、导致和维持过剩产能的补贴等，并主张将有害补贴直接纳入禁止性补贴。[②]

美国还利用国际贸易协议的相互关系来限制“非市场经济”。2018 年 11 月 30 日，美国、墨西哥、加拿大正式签署《美墨加协定》，取代先前的《北美自由贸易协定》。《美墨加协定》第 32 章第 10 条是对“非市场经济”的排他性规定，即“毒丸”条款。该条款实际上让墨西哥和加拿大在《美墨加协定》和其他“非市场经济体”有可能参加的贸易协议之间“选边站”，阻止墨西哥、加拿大支持中国加入《全面与进步跨太平洋伙伴关系协定》（CPTPP）。

① “Joint Statement on the Temporary Suspension of the Technical Negotiations in the International Working Group on Export Credits”, Nov. 19, 2020, https://home.treasury.gov.

② USTR, “Statement on Industrial Subsidies and State-Owned Enterprises”, in Joint Statement on Trilateral Meeting of the Trade Ministers of the United States, Japan and European Union, September 25, 2018. 国内学者的研究见周一帆（2022）。

为了应对来自新兴投融资国的挑战，七国集团在 2021 年峰会就表示要发起一项高透明度的基础设施倡议，以满足中低收入国家对基础设施的需求。[①] 在 2022 年 6 月的峰会上，七国领导人共同发起"全球基础设施和投资伙伴关系"（PGII），称将在未来五年内筹集 6000 亿美元，重点投向四个优先领域：（1）适应气候变化的基础设施、转型能源技术、清洁能源供应链；（2）安全的信息和通信技术网络；（3）提高妇女参与经济的机会；（4）发展提升卫生服务、医疗的基础设施。[②] 美国及其盟国还在 2022 年 5 月发起"印太经济框架"（IPEF），强调规则制定，包括贸易便利化、数字经济、供应链韧性、脱碳和清洁能源、基础设施建设和劳工标准。[③]

2.4　新兴和发达融资国规则、实践比较

对新兴和发达国家发展融资的比较研究往往容易强调理念和动机的差别，但从国际规则和治理体系改革的角度，基于可观察的资料、事实层面的分析更实质、更有意义。本节分别比较官方发展援助和官方支持的出口信贷，然后综合主要差别及原因，不仅比较中国与发达国家、多边发展机构，也比较其他新兴市场国家。表 2.1 是官方发展援助的融资条件比较。

---

① 基于对撒哈拉以南非洲 2007—2020 年 535 个项目的研究，Nancy Lee (2022) 指出"中国对撒哈拉以南非洲基础设施建设的贷款是美国、英国、日本、德国加在一起的 2.5 倍"。

② 美国将提供 2000 亿美元公共和私人资本，欧盟将提供 3000 亿欧元。

③ 白宫关于 IPEF 的声明强调四个关键支柱：互联互通的经济，有韧性的经济，清洁的经济，公平的经济，即贸易、供应链、能源、反腐败。截至 2022 年 9 月，IPEF 有 14 个成员国，美国、日本、韩国、澳大利亚、新西兰；印度、东盟 7 国，斐济。

表2.1　官方双边援助贷款融资条件比较

	中国		世界银行（IDA 定义）	OECD（DAC 定义）	其他新兴市场
	无息[1]	低息[2]			印度（进出口银行）[3]
币种	主要 人民币	主要 人民币	主要美元，同时也提供欧元、日元、英镑和 SDR	美元及成员国本币	美元和印度卢比
利率	0%	1%~4%	美元：1.19%~2.63% 欧元：0.75%~1.61% 日元：0%~0.75% 英镑：0.75%~1.71% SDR：0.75%~2%	OECD 根据受援国收入水平，仅对双边援助贷款的优惠度有要求，分为 10% 至 45% 四档[4]	Ⅰ类：1.5% Ⅱ类：1.75% Ⅲ类：LIBOR+1.5%
宽限期	10 年	3~11 年	5~10 年		Ⅰ类：5 年 Ⅱ类：5 年 Ⅲ类：5 年
还款期	10~20 年	12~25 年	12~50 年		Ⅰ类：25 年 Ⅱ类：20 年 Ⅲ类：15 年
是否约束性[5]	是	是	否	OCED 的官方发展援助分为约束性和非约束性，其中非约束性援助占 2020 年全部 ODA 的 82.3%[6]	是

续表

		中国		世界银行（IDA 定义）	OECD（DAC 定义）	其他新兴市场
		无息[1]	低息[2]			印度（进出口银行）[3]
备忘	赠与成分[7]	32.2%~52.6%	12.1%~41.3%	⩾ 35%	对于约束性援助的优惠度要求，一般国家为35%，最不发达国家为50%[8]。对于非约束性援助的优惠度要求分为10%至45%四档	Ⅰ类：36.2% Ⅱ类：30.2% Ⅲ类：当前约为10.6%，取决于 LIBOR
	主权信用评级[9]	A+ 级（2017 年 9 月）	A+ 级（2017 年 9 月）	AAA 级（2022 年 3 月）	—	BBB- 级（2022 年 6 月）
	国债利率[10]	2.67%	2.67%	3.52%	3.52%	7.28%

注：1. 中国国际发展合作署无息贷款，数据来源于威廉玛丽学院 AID DATA 研究室 How China Lends 数据库。

2. 中国进出口银行援外优惠贷款，数据来源同上。

3. 印度将受援国分为三类国家：Ⅰ类是 IMF 有最低优惠度要求的中低收入国家；Ⅱ类是没有最低优惠度要求的中低收入国家；Ⅲ类是其他发展中国家。

4. 见 OECD 官网：https://www.oecd.org/dac/financing-sustainable-development/development-finance-standards/officialdevelopmentassistancedefinitionandcoverage.htm。

5. 即是否附带条件的援助，是否从本国企业购买商品，由本国企业承包工程。

6. 依据为 OECD DAC2022 年发布的《非约束性官方发展援助实施建议》[DAC（2022）34/FINAL]。

7. 由本课题组研究人员按国际金融组织公式计算，假定每年还款一次。采用 IMF 和世界银行债务限制政策的参数和公式，统一折现率为 5%，IMF 和 IAD 优惠贷款最低赠与率为 35%，见 IDA（2019 para. 10），IMF（2021 para.35, Annex）。

8. 依据为 2022 年 OECD 发布的“君子协定”[TAD/PG（2022）1]，第三章 36 条最低优惠水平。

9. 主要采用国际信用标准普尔（S&P），其中印度采用惠誉（Fitch）公布的最新评级。

10. 以 2022 年 9 月 20 日，对应国家 10 年期国债利率为准，其中世界银行和 OECD 以美元债利率为准。

从表 2.1 可看出，我国和发达国家及多边发展银行比，发展援助贷款融资条件的主要差别在优惠度或赠与成分，其中我国无息贷款已足够优惠，差别主要是援外优惠贷款，其还款期较短。由于赠与成分低于 35%，我国对中低收入国家的援助贷款可能受到 IMF“债务上限政策”和世界银行“非优惠借款政策”的限制。此外，我国援外贷款选项注重经济效益，也有经济条件较好的借款国，部分援外优惠贷款项目有可能超出“君子协定”约束性援助条款的国别资格（人均收入足够低）和项目资格（缺乏商业可行性），因此我国约束性援助可能被认为缺乏公平竞争。

我国援外优惠贷款主要使用人民币，为我国提高援外贷款优惠度提供了有利条件。相比之下，印度使用美元和卢比，资金成本高于发达国家，限制了优惠度的提高。印度将受援国分类，按类设定利率、宽限期、还款期组合，规避 IMF 和世界银行的债务上限政策，也不受“君子协定”约束性援助条款的影响，这种做法对其他新兴援助国有参考价值。[①]

表 2.2 比较官方支持的出口信贷。我国的出口信贷币种同发达国家相似，使用美元等可兑换货币。发达国家官方支持的出口信用及贷款机构信用等级高，资金筹措成本低，“君子协定”的最低利率对它们有约束。我国美元资金筹措成本比 OECD 国家高，出口信贷利率报价无论采用固定利率还是浮动利率，都高于西方国家出口信用和贷款机构的，也高于“君子协定”的最低利率标准。此外，我国官方支持的融资比例、还款期限等已实际参考“君子协定”的标准，在承诺费、管理费的收取方面也基本与国际接轨。

① 对新兴援助国对外发展援助的研究参见余南平、王心志（2013），赵剑治、敬又嘉、欧阳喆（2018）。

以当地费用为例，该费用为发生在买方所在国或进口国为执行出口合同必须购买的货物和服务支出，通常与本国成分、外国成分一起构成资本性货物出口商务合同的三个组成部分。为了防止各参加国为出口订单竞相支持当地费用，"君子协定"对当地费用最高的支持比例有规范。中国、俄罗斯、南非虽然对当地费用未作特别要求，但对本国成分有要求，相当于控制当地费用与外国成分之和的最高值。

尽管我国官方支持的出口信贷融资条件实际基本与"君子协定"接轨，但表 2.2 表明我国和其他新兴市场国家目前都不受"君子协定"及其行业谅解规则的约束，巴西的民用飞机出口除外。中国和其他金砖国家出口信贷有很多相似之处，巴西的做法最接近"君子协定"的规则，其他金砖国家都有本国货币的出口信贷、保险。

表 2.3 综合分析了表 2.1、表 2.2 中的差别。我国和 OECD 及其他新兴市场国家比，最明显的差别有三项。第一，贷款机构的数量和性质。我国机构较多，外部很难区分官方和非官方机构及业务，这与我国涉外经济及金融体制转型的独特国情有关，OECD 和其他新兴市场国家的机构设置和财政支持则比较明确。第二，贷款规模。我国是发展中国家最大的官方双边债权国，拥有的债权在部分借款国主权外债中的占比较高，而这些借款国中有些国家已陷入债务偿付困境或存在高债务危机风险。第三，信息透明度。与 OECD 国家比，我国和新兴市场国家的信息披露程度都较低。我国的信息披露在某种程度上低于其他新兴市场国家，例如印度将受援国分类，分类的融资条件、赠与成分是公开的；又如巴西信用风险保费与"君子协定"一致，民用飞机融资信息按"君子协定"披露。

表2.2 官方支持的出口信贷比较

		中国		OECD	美国	中国以外的金砖国家			
		中国进出口银行优惠出口买方信贷	中国出口信用保险公司	“君子协定”（2022年）	美国进出口银行	印度进出口银行、印度出口信用担保公司	巴西国家开发银行	俄罗斯进出口银行、俄罗斯出口保险机构	南非出口信用保险公司
币种		美元	美元、人民币、欧元等（可兑换货币）	美元、欧元等（可兑换货币）	美元	美元、印度卢比等	美元、巴西雷亚尔等	卢布等	美元、南非兰特等
融资条件	当地费用	不涉及	未作特别要求，只要求本国成分达到一定比例	Ⅰ类国家[1]：≤ 40%出口合同值 Ⅱ类国家：≤ 50%出口合同值	≤ 30%出口合同值	无相关资料	无相关资料	未作特别要求，只要求本国成分达到一定比例	未作特别要求，只要求本国成分达到一定比例
	进口国买方首付款	不涉及	15%出口合同值	≥ 15%出口合同值	≥ 15%出口合同值	≥ 15%出口合同值	0%，即无首付款要求	0%，即无首付款要求	≥ 15%出口合同值
	最长还款期	15~20年	15年	Ⅰ类国家：≤ 8.5年 Ⅱ类国家：≤ 10年	Ⅰ类国家：≤ 5年 Ⅱ类国家：≤ 10年	15年	15年	15年	10年，更长期限需逐案分析
	最低固定利率	2.0%~3.0%	通常为浮动利率，如LIBOR加点	商业参考利率（CIRR）	商业参考利率（CIRR）	有担保隔夜融资利率（SOFR）加点[2]	浮动利率，LIBOR或欧洲银行间欧元同业拆借利率（EURIBOR）加点	无相关资料	无相关资料

续表

		中国		OECD	美国	中国以外的金砖国家			
		中国进出口银行优惠出口买方信贷	中国出口信用保险公司	“君子协定”（2022年）	美国进出口银行	印度进出口银行、印度出口信用担保公司	巴西国家开发银行	俄罗斯进出口银行、俄罗斯出口保险机构	南非出口信用保险公司
融资条件	最低信用风险保费（MPR）	不涉及	信用风险定价风险因子与OECD国家大致相同	不同风险评级国家MPR不同，详见“君子协定”（2022年）附件Ⅷ	与“君子协定”一致	逐案分析，根据国家分类及保险期限确定	与“君子协定”一致	逐案分析，根据国家分类及保险期限确定	逐案分析，根据国家分类及保险期限确定
行业协定[3]	船舶	未参加	未参加	澳大利亚、欧盟、日本、韩国、新西兰、挪威参加	未参加	未参加	未参加	未参加	未参加
	核电站	未参加	未参加	“君子协定”参与国[4]均参加	参加	未参加	未参加	未参加	未参加
	民用飞机	未参加	未参加	除土耳其之外的其他“君子协定”参与国均参加	参加	未参加	参加	未参加	未参加
	可再生能源（含气候变化、水项目）	未参加	未参加	“君子协定”参与国均参加	参加	未参加	未参加	未参加	未参加
	轨道交通	未参加	未参加	“君子协定”参与国均参加	参加	未参加	未参加	未参加	未参加

续表

		中国		OECD	美国	中国以外的金砖国家			
		中国进出口银行优惠出口买方信贷	中国出口信用保险公司	“君子协定”（2022年）	美国进出口银行	印度进出口银行、印度出口信用担保公司	巴西国家开发银行	俄罗斯进出口银行、俄罗斯出口保险机构	南非出口信用保险公司
项目融资	最长还款期（年）	—	20年[5]	Ⅰ类国家：≤10年 Ⅱ类国家：≤14年	Ⅰ类国家：≤10年 Ⅱ类国家：≤14年	20年[6]	无相关资料	无相关资料	15年[7]

资料来源：OECD《官方支持出口信贷协议》（2022年）。中国进出口银行资料来自威廉玛丽学院 AIDDATA 研究室 How China Lends 数据库，以及 Naohiro and Miyabayashi（2020），各出口信用机构资料来自各机构官网及年报。

1. Ⅰ类国家：高收入 OECD 国家；Ⅱ类国家：其他国家。

2. 8年期及以下加点1.95%，8~12年加点2.20%，12~15年加点2.50%。

3. 自2021年10月起，OECD 成员国不再通过官方出口信贷和约束性援助支持煤电项目。

4. “君子协定”参与国包括澳大利亚、加拿大、欧盟、日本、韩国、新西兰、挪威、瑞士、土耳其、英国和美国。

5. 与 OECD 对于项目融资的定义不同，此处取“海外投资保险”最长期限。

6. 取印度出口信用担保公司“海外投资保险”最长期限。

7. 取南非出口信用保险公司“投资保险”最长期限。

我国和其他新兴市场国家也有很多共同的地方。在官方和官方支持的对外贷款中，都使用美元或欧元及本国货币，都受美元融资成本高于美国等发达国家的影响。新兴市场国家非优惠对外贷款的融资条件基本参照 OECD 国家的标准，与“君子协定”要求比较接近。此外，新兴市场国家都有支持本国商品服务出口、保障资源供给（主要是印度）、增加国内就业的需要，也更认可互利共赢的合作原则。

表2.3　　官方和官方支持的融资：主要差异

	中国	OECD 国家	其他新兴市场
贷款机构	国家国际发展合作署 + 多家银行、机构	政府机构或专门银行	政府机构或专门银行
出口信用保险机构	中国出口信用保险公司	官方机构或私营机构政府账户	专门出口信用机构
贷款币种	美元、人民币	美元、欧元、可兑换本币	美元、本国货币
约束性援助贷款优惠度	部分低于 OECD 标准	OECD 标准	印度Ⅰ类：OECD 标准
非优惠贷款融资条件	接近 OECD 标准，利率高于“君子协定”最低利率	OECD 标准	利率（巴西、印度）与“君子协定”（OECD 标准）不矛盾
财政拨款支持	少数是，多数不是	是	是
信息披露要求	地区、年度信息	基本信息、买方（受保方）、商品劳务、融资条件信息在“君子协定”参加国之间披露，事前通知要求[1]	披露标准不一，不与“君子协定”参加国分享，巴西民用飞机行业除外
贷款规模	较大，在部分国家占该国政府和政府担保外债的比重较高	较小	较小

续表

	中国	OECD 国家	其他新兴市场
非优惠贷款是否受 IMF、世界银行借款国外债限制政策约束	是	否	印度 I 类：否

资料来源：中国进出口银行、中国出口信用保险公司、国家开发银行、大型商业银行年报，新兴市场国家相关机构网站，“君子协定”（2022）。

1. 详见 OECD Arrangement for officially supported Export Credits（2022）, Annex Ⅶ, pp.97-102。

2.5　现代竞争和新领域融资需要国际规则

发达国家主导的国际发展融资规则体系实际上受到三方面的挑战，本章已经较详细地分析了由于世界经济、贸易、投资结构变化，新兴市场和发展中国家份额上升，新兴经济体成为主要跨境投融资来源国带来的挑战。发达国家规则体系在全球贸易约束范围的相对收缩还因为现代国家间的竞争发生了变化，各国官方出口信用机构的业务已超出原有支持本国资本性货物出口的“君子协定”框架。经济和地缘格局变化下安全因素凸显，推动 ECA 在不与本国出口直接挂钩的资源能源供给、供应链调整、增加供应链弹性、逆周期调节等方面发展和扩大业务。“君子协定”规则的完整性和约束力面临来自内部的挑战。

跨境货物和服务贸易、跨境融资新领域、新模式的出现也带来新的挑战。与近年来全球货物贸易的趋势不同，与技术相关的服务贸易持续增长。跨境货物贸易和物流、跨境支付相关的服务近年来发展很快。互联网和高科技企业的跨国发展有可能获得本国的融资支持和东道国的担保。科技发展推动贸易便利化的同时，也给信息和交易安全、隐私保护等带来挑战。这些领域的市场环境需要规范，呼唤新国际规则的制定。G20 贸易和数字经济部长级会议 2019 年在达沃斯发表《关于电子商务的联合声明》，呼吁尽可能多的 WTO 成员参与达成高标准协议，尤其是在跨境数据流动和电子商务方面。

“君子协定”等原有规则要在 21 世纪维护国际贸易、融资公平竞争发挥应有的作用，需要扩大对新兴市场国家的兼容性；需要赶上现代国际竞争的变化，增加国际规则的完整性和约束力；需要在新跨境融资领域与时俱进，在技术和服务贸易领域维护公平竞争。

第三章

全球治理体系演变：
债务处置架构

3.1　债务处置与债权分类

现有国际主权债务处置架构是在实践中逐渐发展起来的，随着债务国政府和政府担保（主权）对外债务构成，也就是债务国的国际债权人构成不断变化而演进。20 世纪 50 年代以来，陷入债务危机、需要主权债务处置的债务国绝大多数是发展中国家。发展中国家外债总额相对于国内生产总值（可看作偿付能力）的比重从 1980 年起攀升，在 80 年代拉美债务危机和 90 年代亚洲金融危机前后达到峰值，21 世纪初由于债务重组和减免下降到 2008—2011 年的低值，随后又再次累积，近年来再次出现主权债务偿付困难（见图 3.1）。

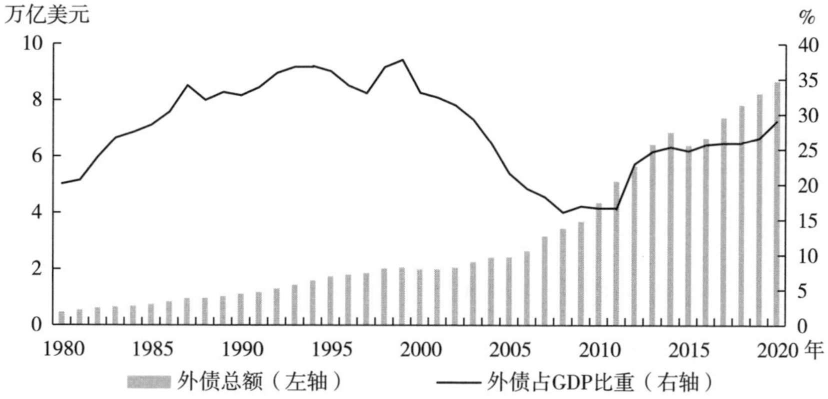

图3.1　发展中国家外债趋势，1980—2020年

（资料来源：世界银行 IDS 数据库）

在发展中国家中，中等偏上收入国家和中等偏下及低收入（中低收入）国家的外债构成相比有重大差别：中等偏上收入国家主权信用评级相对较高，非官方或商业性债务比重较高；中低收入国家较难通过商业性渠道借债，外债主要是官方（包括多边和双边）优惠还款条件的债务，尽管随着经济发展，其非官方、商业性外债比重也在上升。图 3.2 是 1980—2020 年发展中国家主权外债的构成情况。总的来看，四十年间，商业性债务比重上升，商业性债务中国际市场债券持有人替代商业银行及其他私人债权人。官方债务份额相对下降，多边债权人某种程度替代双边债权人。

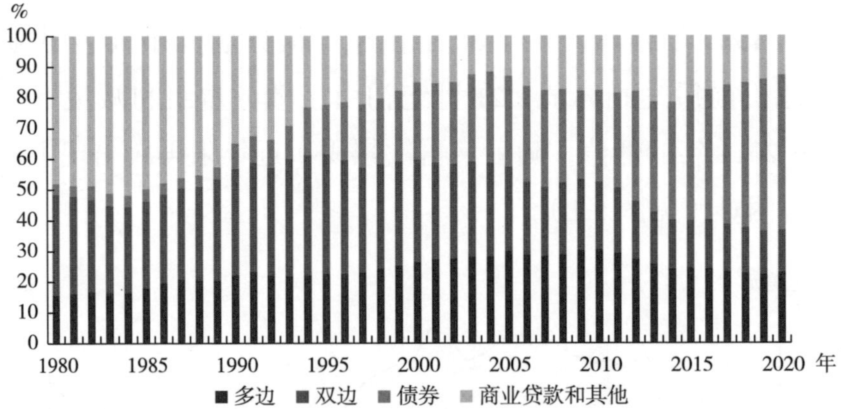

图3.2　发展中国家主权外债结构，1980—2020年

（资料来源：世界银行 IDS 数据库）

仅看中低收入国家的情况，如在非洲国家政府和政府担保的外债中，官方多边和双边债权人仍占大部分（见图 3.3），但国际市场（美元或欧元）债券的比重在过去十年迅速上升。中低收入国家政府发行的主权债券还款期较短，利率较高，市场可交易，债券收益率由市场决定，持有人不固定，国际市场债券份额的增加推高了中低收入国家主权债务违约的风险。

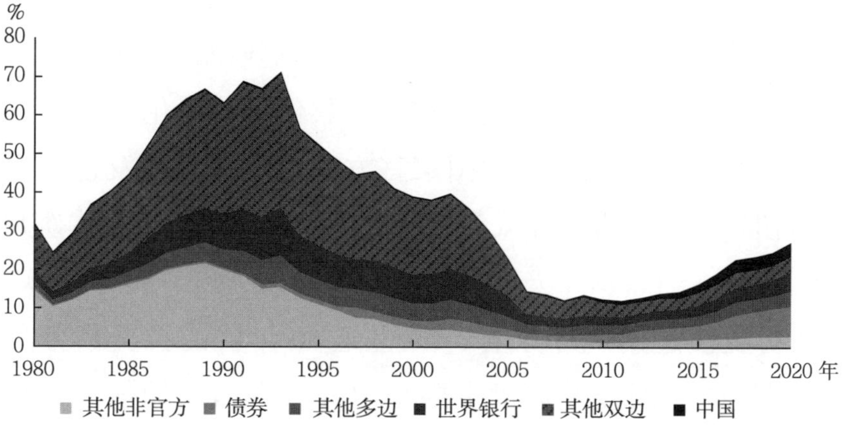

图3.3　非洲国家主权外债占GNI的比重，1980—2020年

[资料来源：中非研究倡议（SAIS-CARI）数据]

发展中债务国主权外债出现偿付困难，债务的处置（暂停、展期、降息、重组、减免或勾销）由债务人（债务国政府）和债权人谈判决定。债权方的性质决定了债务处置方式或机制的不同。第二次世界大战以后国际债务实践最明显的规范是分债务类型处置，其中最根本、最有实际意义的是从债权人的角度区分官方与非官方（或商业性）发放的债务。官方债权人与债务国进行政府间谈判，债务处置成本由债权国公共财政或纳税人承担。非官方债权人与债务国政府的债务谈判受商业性债务契约相关法律的约束，债务处置后果由债权人自己（股东）承担。从法律约束、经济与金融后果、成本的承担主体等来考虑，分类处置符合国际金融的现实，也最可行。其他主要的分类方式包括在官方债务中区分多边与双边，在官方双边债务中区分发展援助贷款与出口信贷，在商业性债务中区分银行信贷与市场债券等。

国际债务实践另一个重要的规范是集体谈判。当发展中国家对外主权债务发生偿付困难又面对多个债权国或债权人时，按债权人分类集体谈判比与债权人逐一谈判效率高，也更公平，因此更有可能达成可执行的协议。巴黎俱乐部、伦敦俱乐部以及 IMF—世界银行就是发达国家官方双边债权人、发达国家商业银行债权人、多边债务减免倡议下债权国与债务国集体谈判的场合。

从历史演进的顺序来看，20 世纪 80 年代的拉美债务危机和 90 年代的亚洲金融危机主要是中等收入国家的债务危机，解决的办法以流量处置（Flow treatment），即暂缓到期债务，以缓付、展期为主。低收入国家主权债务危机由来已久，解决的办法初期靠展期、降利率，在流量处置无法恢复债务可持续之后，不得不进行存量处置（Stock treatment），即债务减免勾销。最近的主权债务偿付危机也主要是中低收入重债国的危机。

3.2 国际主权债务架构的演进：官方债权人

1944 年的布雷顿森林协定（Bretton Woods Agreement）构建战后国际经济金融治理体系，成立了 IMF 和世界银行，但没有建立主权债务重组和减免的制度框架。国际主权债务处置的架构在实践中由债权债务双方博弈形成。

3.2.1 官方双边债权人——巴黎俱乐部

1956 年阿根廷对外债务违约在即，因国际官方债权人太多，无法进行双边谈判而急需多方协调。阿根廷政府代表临时与债权人在法国会晤，国际性、非正式的官方债权人组织“巴黎俱乐部”由此诞生。巴黎俱乐部的主要功能是协调集体谈判，提高主权债务谈判的效率，为债务、债权双方寻求长期利益最大化的解决方案（见附录三）。

由于历史的原因，目前巴黎俱乐部有 20 个发达（OECD）国家，加上俄罗斯和巴西，共 22 个永久成员国。巴黎俱乐部还设特设参与国（临时参与国）和观察员。特设参与国承诺遵守巴黎俱乐部的基本原则（见下文），可参加债务处置谈判和月度债务信息分享会，但无债务谈判否决权，多为发展中国家，中国也是特设参与国之一。[①] 观察员能够出席谈判会议，但不参与讨论，也不签署任何正式协议。观察员中既有 IMF 和世界银行等国际金融机构，也有与谈判会议的债务或与债务国无相关重组谈判事项的永久成员国，以及与谈判会议中的债务国有债权债务关系的非巴黎俱乐部国家。中国人民银行自 2012 年起成为观察员。截至 2022 年 11 月，巴黎俱乐部已先后与 102 个债务国达成了 478 项债务处置（宽限、重组、减免乃至撤销）协议，涉及债务金额 6120 亿美元。[②]

巴黎俱乐部的主要功能是处置官方双边债务，组织债权国集体谈判，通过与债务国达成双方长期利益最大化的重组或减免协议，及时为 IMF 贷款支持的经济调整方案提供“融资保证”（Financing assurances）。IMF 对欠官方债权人到期利息本金的债务国有“不容忍”政策（Non-toleration Policy），以及限制对官

---

① 阿布扎比酋长国、阿根廷、中国、捷克、印度、科威特、墨西哥、摩洛哥、新西兰、葡萄牙、沙特阿拉伯、南非、特立尼达和多巴哥、土耳其曾作为特设参与国参加谈判和月度研讨。

② 参见巴黎俱乐部网站，https://clubdeparis.org。

方债务欠款国提供 IMF 贷款的政策（Lending into Official Arrears Policy）。[①] 这些政策要求 IMF 必须得到相关官方债权人的支持或“融资保证”，才能向欠款的债务国提供新资金。没有 IMF 新资金的支持，债务国走出危机、恢复增长的经济调整方案就很难落实。债务国的利益是尽快恢复可持续增长和偿付能力，债权国的利益是尽量回收贷款，减少债权损失，二者构成债务处置谈判协议的基础。

集体谈判的实践产生了一些促进实现最终目的、兼顾各方利益、得到广泛认可的原则。巴黎俱乐部债务谈判的目的是向需要帮助的债务国提供及时、充分的债务救助，使债权人的长期利益最大化。巴黎俱乐部也面对“集体行动”问题：部分债权人仅顾及自身利益的单方面行为对其他债权人有负面影响；债权人信息不透明共享以及债权人之间得到不可比的待遇都会削弱参与集体谈判的积极性，减少债务人得到的帮助，损害现在和将来的谈判。在官方双边谈判解决上述问题的长期实践中，巴黎俱乐部形成了团结一致、协商共识、信息共享、逐案处理、有条件（限制）性以及待遇可比性六项原则（见附录三），其中最重要的是信息共享（Information sharing）与待遇可比性（Comparability of treatment）原则。[②]

巴黎俱乐部债务处置方式随债务国群体和债务处置效果的变化而演进。“经典”方式主要用于中等收入债务国，最初暂停支付到期债务（Standstill），之后以重新安排还款期（Rescheduling）

① “The IMF’s Policies on Sovereign Arrears”, updated May 18, 2022, https://www.imf.org.

② 待遇可比性原则要求签订债务（展期 / 重组 / 减免）协议的债务人不给予非协议签字债权人比协议更优惠的偿付待遇，也就是公平对待所有债权人。

为主，并逐渐延长展期期限。对低收入债务国，在多次展期仍未能将债务负担降至可持续水平之后，巴黎俱乐部从 20 世纪 80 年代末开始对低收入重债国实行债务减免，减免幅度不断加大（见表 3.1）。

总的来说，随着债务国债务问题的累积和偿付状况的恶化，以巴黎俱乐部为代表的发达债权国债务处置的力度不断加大，逐步由到期债务流量处置的展期发展为存量处置的债务减免，且对低收入国家的减免比例逐渐增加。当官方双边“传统”的债务减免不足以恢复重债穷国的债务可持续时，官方多边债权人也加入债务减免，减免的债务从官方双边债务扩展到与多边金融机构、多边发展银行的债务，减免幅度升至债务勾销。

表3.1　　　　巴黎俱乐部债务处置的历史沿革

<table>
<tr><th>条款类别</th><th>条款名称</th><th>发起年份</th><th>适用对象</th><th>是否涉及减免</th><th>处置方式</th><th>债务国数量（个）</th><th>协议数量（份）</th></tr>
<tr><td>Ⅰ</td><td>经典</td><td>1956</td><td>所有国家</td><td>否</td><td>展期，通常还款期 10 年</td><td>60</td><td>166</td></tr>
<tr><td>Ⅱ</td><td>休斯顿</td><td>1990</td><td>重债中低收入国家</td><td>否</td><td>官方发展援助展期，还款期 20 年；非官方发展援助展期，还款期 15 年</td><td>21</td><td>31</td></tr>
<tr><td rowspan="2">Ⅲ</td><td>多伦多（已停用）</td><td>1988</td><td rowspan="2">重债低收入国家</td><td>是</td><td>官方发展援助展期，还款期 25 年；非官方发展援助减免 33% 净现值</td><td>20</td><td>28</td></tr>
<tr><td>伦敦（已停用）</td><td>1991</td><td>是</td><td>官方发展援助展期，还款期 30 年；非官方发展援助减免 50% 净现值</td><td>23</td><td>26</td></tr>
</table>

续表

条款类别	条款名称	发起年份	适用对象	是否涉及减免	处置方式	债务国数量（个）	协议数量（份）
Ⅲ	那不勒斯	1994	重债低收入国家	是	官方发展援助展期，还款期 40 年；非官方发展援助减免 67% 净现值	36	53
Ⅳ	里昂（已停用）	1996	重债穷国	是	官方发展援助展期，还款期 40 年；非官方发展援助减免 80% 净现值	5	7
	科隆	1999		是	官方发展援助展期，还款期 40 年；非官方发展援助减免 90% 净现值	34	41
非标准化	依云模式	2003	非重债穷国	逐案协商确定		16	18
	特殊	—	特殊情况国家	逐案协商确定		52	70

资料来源：巴黎俱乐部官网。

3.2.2 官方多边债权人

多边机构的债务处置由 IMF 和世界银行牵头，历史上发生过两次，都是对低收入重债国的债务减免。第一次 1996 年发起，1999 年增强（“更快、更多、更深的债务减免”，见表 3.2），是和巴黎俱乐部等官方双边债权人合作落实的“重债穷国（HIPC）减债倡议”。第二次是 2005 年发起的“多边减债倡议”（MDRI）。

债务国为获减债需要满足低收入、高负债、能够落实经济改革调整的近期记录、将减债资金用于 HIPC 减债倡议下的减贫战略规划（Poverty Reduction Strategy Paper, PRSP）四项条件。[①] 重债穷国满足上述条件，并经布雷顿森林机构执行董事会批准（称为达到“决策点”），获得巴黎俱乐部、多边机构的部分减债，其规模由布雷顿森林机构决定。当债务国成功实施 PRSP 至少一年后，且兑现了决策点时承诺的相关国内经济调整和结构性改革后，达到“完成点”，债务国获得为实现债务可持续所需的剩余部分债务减免。HIPC 减债倡议下的债务减免与债务国国内经济改革挂钩，分阶段落实。

2005 年底，布雷顿森林机构和非洲开发银行的非洲开发基金（AfDF）决定实施 MDRI，对于已经达到或即将达到 HIPC 减债倡议完成点的低收入重债国，100% 免除其对这三家多边机构的债务，以便帮助它们尽快实现联合国千年发展目标（MDGs）。2007 年，泛美开发银行（IaDB）决定参与 MDRI，向西半球的五个重债穷国提供债务减免。与 HIPC 减债倡议相比，MDRI 除要求债务国保持宏观经济稳定、执行减贫增长战略外，还特别要求引入公共支出管理系统，以增强财政管理水平和透明度，确保通过减债节约的资源被用于经济发展（见表 3.2）。

MDRI 是对 HIPC 减债倡议减债的补充，以实现更大幅度的债务减免，帮助重债穷国恢复债务可持续，而不是债务国重新积累债务后，多边债权人实施再次减免。以上两次债务减免的实质

① 这四项条件具体是：（1）属于有从世界银行下属国际发展协会获得最优惠贷款资格（IDA only）的国家，且有资格获得 IMF 减贫与增长信托（PRGT）贷款；（2）通过传统减债机制（如巴黎俱乐部那不勒斯条款等）减债后仍面临不可持续的债务负担，具体表现为，外债净现值占出口的比重高于 150%，对于出口 /GDP 达到 30% 以上且财政收入 /GDP 达到 15% 以上的开放型经济体，债务净现值占财政收入的比重高于 250%；（3）在 IMF—世界银行的经济调整改革方案中建立了良好的改革和政策落实记录；（4）建立了减贫战略规划。

是多边金融机构对低收入和最不发达国家的两阶段债务减免。

中国未正式参加 HIPC 减债倡议多边框架下的减债，但比照 HIPC 减债倡议在双边框架下进行了债务减免，先后 6 次免除与中国有外交关系的重债穷国和最不发达国家对华到期无息贷款债务，累计减免了 50 个国家 380 笔到期债务，金额达 256 亿元人民币。

表3.2　　HIPC减债倡议和MDRI的主要内容

	HIPC 减债倡议（1996 年）	增强版 HIPC 减债倡议（1999 年）	MDRI（2005 年）
债务国范围和债务阈值	1. IDA only，有资格获得 PRGT 贷款 2. 债务指标高于 HIPC 减债倡议阈值： • 外债净现值占出口 200%~250% • 对于出口占 GDP 40%、财政收入占 GDP 20% 的国家，外债净现值占财政收入 280% 3.IMF 贷款支持的经济调整改革方案良好落实记录 4. 已建立 PRSP	1.IDA only，有资格获得 PRGT 贷款 2. 债务指标高于增强版 HIPC 减债倡议阈值： • 外债净现值占出口 150%； • 对于出口占 GDP 30%、财政收入占 GDP 15% 的国家，外债净现值占财政收入 250%。 3.IMF 贷款支持经济调整改革方案良好落实记录 4. 已建立临时 PRSP	已达到完成点的重债穷国
参与债权人	官方双边债权国为主、多边机构为辅，商业债权人在自愿基础上参与		IDA、IMF、AfDF、IADB
减债幅度	政府和政府担保（PPG）外债减免至 HIPC 减债倡议阈值	PPG 外债减免至更低阈值	100% 取消 IDA2003 年、其他三家机构 2004 年之前发放的贷款
减免成本	760 亿美元		500 亿美元
已受益国家	7 个已达到决策点的债务国	31 个已达到决策点的债务国	37 个已达到完成点的债务国
潜在受益国家	1 个未达到决策点的债务国		2 个未达到完成点的债务国

资料来源：世界银行官网。

HIPC 减债倡议和 MDRI 的效果明显。38 个重债穷国 30 年来政府和政府担保债务指标的变化情况（见图 3.4）表明：自 1988 年巴黎俱乐部首次推出减免条款后，重债穷国的债务负担仍然居高不下，政府外债余额占 GDP 的比重（负债率）、政府外债余额占综合财力或出口收入的比重（债务率）仍在上升；直至 1994 年更大幅度减债的那不勒斯条款（对非官方发展援助的官方支持贷款债务实行 67% 的净现值减免）推出后，重债穷国政府和政府担保债务“三率”（负债率、债务率、偿债率）才开始下降。1996 年 HIPC 减债倡议提出后，多边机构开始减免债务，巴黎俱乐部推出了减免比例更高的里昂条款、科隆条款。1999 年更深、更广的债务减免使重债穷国债务负担得到大幅减轻；2005 年 MDRI 提出后，重债穷国各项债务指标进一步下降。

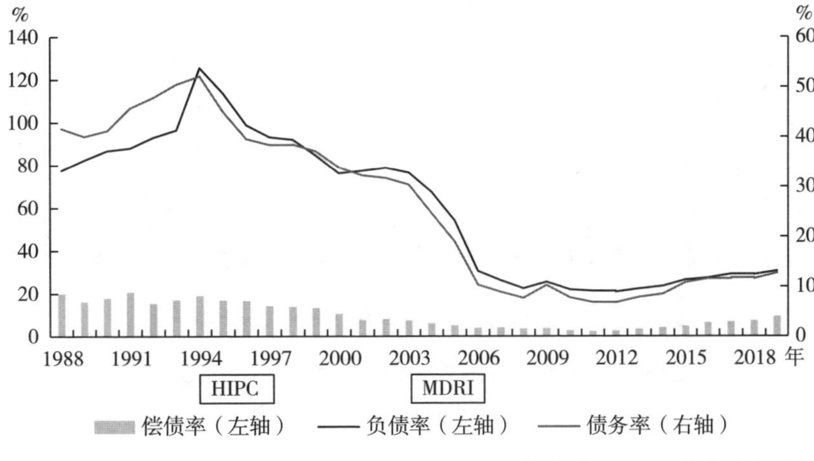

注：1. 负债率是 PPG 债务余额占 GDP 的比重，债务率是 PPG 债务余额占综合财政收入的比重，偿债率是外债当年还本付息占出口收入的比重。

图3.4 重债穷国平均债务指标，1988—2019年[1]

（资料来源：世界银行 IDS 数据库、WDI 数据库）

HIPC 减债倡议和 MDRI 改变了重债穷国的主权债务构成。

1988 年巴黎俱乐部开始按多伦多条款实施减债时，双边债务是重债穷国的最大外债类别。1988—2005 年，随着 HIPC 减债倡议下官方双边债务减免，重债穷国双边债务占比下降，多边债务占比相应上升。随着 MDRI 实施，2006 年以后多边债务占比迅速下降，但仍然是这些国家按面值计算的最大债务类别，2019 年占比为 48.3%，高于双边债务的 28.6%（见图 3.5）。如果使用净现值计算，多边债务主要来自高度优惠贷款，比重会较大下降，重债穷国外债中非官方商业性债务比重会上升很多，优惠度低于多边贷款的双边债务比重也可能上升。低收入国家官方双边债务的债权国在经历 HIPC 减债计划减免后从发达国家为主变为新兴市场国家为主，双边债务的优惠度下降。

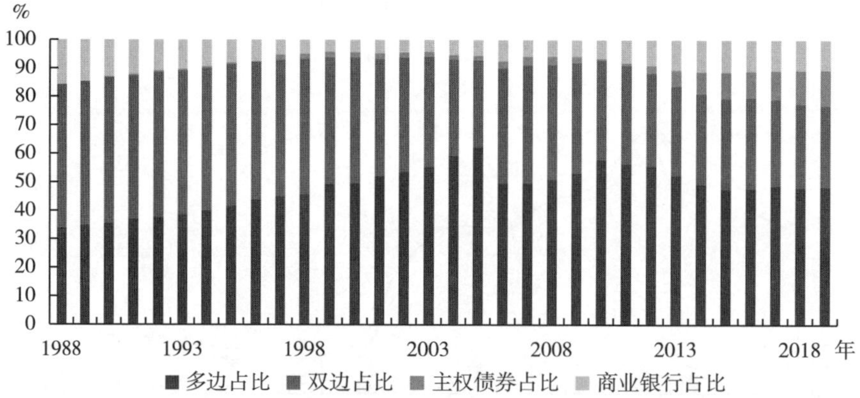

图3.5 重债穷国债权人构成，1988—2019年

（资料来源：世界银行 IDS 数据库）

3.2.3 官方双边与多边债权人比较

官方双边债权人和多边债权人的背后都是纳税人。与由一国纳税人供养的官方双边债权人不同，多边金融机构为成员国所有，资本金由成员国政府提供，优惠贷款的补贴（如世界银行的 IDA 贷款、IMF 的 PRGT 贷款）也由成员国按国家经济发展水平和财力自愿资助。实际上，官方双边对外援助通常包括对多边机构的出资。多边机构的资金，归根到底，源自官方双边的财政预算。

在国际债务偿付顺序中，多边机构通常享有优先还款（Preferred creditor）地位。这种地位的产生不是因为国际公约，而是战后的历史实践。根据惠誉评级收集的数据，1999—2018 年主权债务违约中对多边机构欠款的只有三例。[①] 债务国极少对多边债权人违约的重要原因是多边金融机构承担国际偿付危机救助的角色：提供债务国走出危机所需新的外汇资金、帮助债务国制订调整改革方案、监督改革方案的落实。作为交换，债务国不对多边机构债务违约。从债务国的角度来看，多边机构通常是发生国际债务偿付困难后仅剩的贷款来源，多边机构贷款更优惠，更少涉及政治、外交、地缘战略因素，对多边机构违约后果更严重。苏丹、索马里、津巴布韦先后在 1984 年、1987 年、2001 年对 IMF 等多边机构违约欠款，此后长期无法进行国际融资。[②]

多边机构一般情况下不参与债务重组或减免，除了上述原因，也有对这些机构信用评级的负面影响，推高它们对低收入国家贷款的成本，削弱向低收入国家提供优惠资金支持的能力。此外债务减免的成本也由成员国承担。多边债权人的贷款和参与债务处置的决策程序和所受约束与单一国家政府不同，由成员国代

① 叙利亚 (2002), 南斯拉夫 (2003), 伊朗 (2013)。见“Sovereign Default History: Evidence of Supernationals’ Preferred Creditor Status”, Special Report, www.fitchratings.com。

② Oeking, Anne and Mariasz Sumlinski (2016), “Arrears to the IMF: A Ghost of the Past?”, IMF Working Paper WP/16/225, www.imf.org.

表组成的执行董事会投票决定。2005 年 MDRI 发起十多年后，多边债务减免获得布雷顿森林机构多数投票权支持的难度很大（见第 7.3.2 节）。

3.3 国际主权债务架构的演进：商业债权人

债务国政府通过国际商业渠道融得的资金属于非官方、商业性主权债务。与官方渠道借入的资金相比，借款国使用商业性资金的自由度更高，尤其是债券融资，其用途几乎不受债权人限制。但非官方渠道借款成本更高，还款约束更严格，债权人有违约诉讼、索赔、扣押境外资产的司法途径。债务处置因此靠基于法律原则的谈判，面对更严重的集体行动问题。

3.3.1 伦敦俱乐部

伦敦俱乐部于 1976 年为应对扎伊尔（现刚果民主共和国）债务偿付困难成立，旨在促进商业银行债权人与债务国政府进行集体谈判和债务重组。伦敦俱乐部是一个国际商业银行债权人在自愿基础上参与的非正式协调机制，在组织形式上较为松散，无常设主席和秘书处。当债务国要求债务重组时，伦敦俱乐部特设该债务国主要商业债权银行组成的顾问委员会，由贷款份额最大的银行担任主席，与债务国政府商谈债务重组条件，并达成重组方案。各债权银行自行决定是否接受并参加债务重组，债务重组结束后，特设顾问委员会解散。

伦敦俱乐部在重组原则、程序等方面与巴黎俱乐部较接近（见表 3.3）。由于私人债权人数量多且分散，协调难度更大，伦敦俱乐部谈判耗时较长。以南斯拉夫债务重组为例，2001 年 11

月，南斯拉夫与巴黎俱乐部达成备忘录后，通过伦敦俱乐部与私人商业银行债权人进行重组谈判。谈判耗时近 3 年，直到 2004 年 7 月才结束。最终南斯拉夫与伦敦俱乐部达成的重组条件是债务置换，即南斯拉夫新发行国际美元债券，募集的资金用于偿还商业贷款债务。置换使债务净现值减少了 62%，这一幅度与巴黎俱乐部机制下 66% 的净现值减免待遇基本可比。

表3.3　　　巴黎俱乐部与伦敦俱乐部对比

	巴黎俱乐部	伦敦俱乐部
相似之处	• 非正式组织、遵循自愿协商原则 • 以实施 IMF 贷款支持的经济调整改革方案为前提 • 坚持个案处理 • 要求待遇可比 • 谈判程序类似	
差别		
债务性质	官方和官方担保的贷款	商业银行贷款
谈判效率	较高，因谈判者就是债权人	略低，因谈判者是代表商业银行债权人的顾问委员会，其与所代表的债权人之间的利益关系较为复杂
达成协议的要求	全体一致同意，由于官方债权人数量较少，较易协调	需持有总债权多数的银行批准，由于涉及的银行数量较多，协调并不容易
债务范围	截止日之前，包括本金和利息	规定期限内即将到期或已拖欠的本金
重组条件	相对宽松	较为严苛，如偿债期更短，重组利率不低于市场利率，必须按期支付所有到期利息

资料来源：作者整理。

3.3.2 从贷款到债券——“布雷迪计划”

国际商业债权人对发展中国家政府和政府关联机构提供融资

曾经以主权信用担保的商业银行贷款为主，近 30 年来转向可市场交易的主权债券（见图 3.2）。“布雷迪计划”（Brady Plan）对发展中国家主权融资方式的变化发挥过重要作用。后疫情时代发展中国家债务重组也引发国外智库对“布雷迪计划”的重新关注，有研究人员将类似的债务置换“菜单”模式推荐给中国。①

墨西哥 1982 年宣布无力偿付外债，引发拉美债务危机。1982—1989 年，国际债权商业银行和债务国曾试图通过增加美元流动性来解决主权债务危机。1985 年时任美国财政部长詹姆斯・贝克提出“贝克计划”，支持商业银行以新贷款换旧债，实质就是按市场条件展期，但债务国偿付能力不足的问题没有得到解决，商业银行减少对实行“贝克计划”国家的贷款，实际上承认债权银行贷款本金和有偿债务永久性减少。在这样的背景下，1989 年上任的布什政府财政部长尼古拉斯・布雷迪承认拉美债务危机是偿付能力危机，鼓励商业银行“自愿”参加债务减免，把解决危机的重点放在债务本息的减免上。

墨西哥 1989 年 7 月首先按“布雷迪计划”与债权银行达成债务重组协议，墨西哥是当时拉美第二大债务国。墨西哥政府和超过 500 家债权银行组成的顾问委员会谈判可供债权银行选择的“菜单”。该“菜单”有三个贷款置换选项：（1）减债债券。削减贷款债务本金 35%，剩余的 65% 换成 30 年期债券，利率比市场（LIBOR）略高。（2）平价减息债券。贷款按平价置换 30 年债券，大幅降低并固定利率。（3）提供新贷款。债权银行可以在考虑市场折价的基础上以市场利率新贷款置换不超过 25% 的 1989 年对

① 参见 Qian, Ying (2021)。

墨西哥债务敞口。1990 年 2 月协议正式生效，参加协议的 450 家银行中 49% 选择减债债券，41% 选择平价减息债券，10% 提供新贷款。

截至 1994 年 5 月，包括委内瑞拉、乌拉圭、阿根廷、巴西在内的 18 个债务国同意按“布雷迪计划”重组债务，覆盖约 1900 亿美元中长期贷款，约 600 亿美元债务得到减免，平均债务减免达 30%~35%。[①]

“布雷迪计划”的落实有若干关键条件：债权银行同意债务减免以换取对剩余债务偿付的保证；债务国同意进行国内经济改革，使其能偿还剩余债务；置换的债券必须低风险或无风险，高度可交易，债权银行可通过市场交易分散风险。在实施中，债务国用 IMF、世界银行提供的支援贷款及本国外汇储备购买美国财政部专门发行的 30 年期零息票国债，作为新债券本金的抵押，债券 12~24 个月的利息支付也用 AA 以上评级证券提供滚动担保。

对“布雷迪计划”的评价有褒有贬，支持者肯定该计划促成商业银行对重债国的债务减免，批评者认为减债幅度不够大，也有认为官方资金包括主要多边机构的支援贷款太少，还有大量发展中国家不可持续债务没有得到减免。比较客观的评价是“布雷迪计划”改变了发展中国家的主权债务融资，主权债券逐渐取代主权担保的银行贷款，“布雷迪计划”将 IMF 等官方机构推到了处置商业债权人债务舞台的中央。

① Vasquez, I. (1996), Cline, W.R.(1995).

3.3.3 主权债券：主权债务重组机制

在国际社会应对发展中国家债务危机的历史中，IMF 的“主权债务重组机制”（Sovereign Debt Restructuring Mechanism，SDRM）建议值得一提。随着债权人众多、分散的主权债券在发展中国家外债中的比重上升，这类债务重组中少数债权人阻碍重组的集体行动问题日益突出。当时国际社会有两种不同但有可能互补的应对方法：一是“契约方法”（Contractual approach），即以契约为基础的债务重组机制，通过债务国在发债合约中加入集体行动条款来减少必要时债务重组的困难（见下一节）。二是“法定方法”（Statutory approach），参照主权国家国内普遍存在的公司破产法，建立国际权威的主权债券重组法律框架或“游戏规则”，解决债务国违约处置过程中的效率和公平问题。IMF 2001 年提出的 SDRM 遵循后者。

IMF 的 SDRM 建议有以下几个特点。首先，对一个债务国的所有债务工具（债券系列）采取统一集体行动，即集合投票。其次，类似国内破产法保护企业“持续经营价值”（Going-concern value），在 SDRM 被激活后债务国可暂停对外债务偿付，鼓励新资金支持债权国经济调整改革。再次，设立独立、集中的争端解决机制，行使验证债权、保证投票公平、解决各方争端的功能。最后，SDRM 还保障债权人的利益，提高对重组后债务偿付的信心。这些特点，尤其是第一个特点旨在防止少数人无限期拖延债务危机的解决，实现迅速、有序的重组。[①]

SDRM 的生效建立在集合投票重组主权债务的国际法基础之

① Krueger, Anne O. (2002).

上，为此需要修改 IMF 协定或国际社会达成新的国际条约。自 IMF 2001 年提出该建议后，国际社会激烈讨论，IMF 也不断深入研究改进。因美国等成员担心这种法律框架会损害其主权，客观上金融市场对强制性的超主权重组机制也有抵触，SDRM 最终没能得到 IMF 执行董事会足够的支持。“契约方法”，也就是达成集体行动条款，成了国际社会应对主权债券重组问题的主流。

3.3.4 主权债券：集体行动条款

发展中国家政府和政府担保的跨境商业性融资从发达国家商业银行贷款转向国际债券受“布雷迪计划”的推动，同时也是市场机制倒逼的结果。拉美债务危机中非官方债权人主要是华尔街的国际商业银行。按美国银行监管法规，贷款利息逾期 90 天必须按“不良资产”报告披露，可能导致这些银行的股价大跌。为了避免由此造成的连带伤害，有些银行将问题贷款在利息逾期 90 天前打包出售，就是“长痛不如短痛”，接受债权打折的损失，控制损失范围。商业银行贷款变成债券，银行债权变成更多、更分散、更不固定、动机差异更大债券持有人的债权，扩大了债务处置的集体行动困境。

集体行动条款（Collective Action Clauses，CACs）又被称为契约方法，指通过在主权债券契约中引入集体行动条款来解决集体行动问题，促进众多、分散债券持有人参与债务重组的方法。20 世纪 90 年代中期，以 G10 为代表的发达国家开始认识到解决集体行动困境对于促进债务危机处理有着重大的意义。2001 年阿根廷出现债务拖欠时，美国曾强烈呼吁新兴市场国家债务合同引入集体行动条款。2002 年以后，集体行动条款开始被各方接受，目前已被纳入约半数发展中债务国发行的主权债券条款之中。

CACs 通常可以分为两类：多数重组条款和多数执行条款。多数重组条款允许合格的多数债权人在必要时对债券合同中的一些核心条款进行修改，如到期日、利率和本金的总额等，全体债权人都将受到修改后新条款的约束。多数执行条款则保障了合格的多数债权人限制少数债权人在违约发生后执行债权的能力，从而确保强制执行整体权利。21 世纪初第一代集体行动条款只适用于一个系列的债券（series-by-series），限制该系列少数债权人抵制重组。但少数债权人只要掌握一个系列里超过 25% 的债券，就可阻止集体行动条款。例如，2012 年希腊要重组 36 个系列的主权债券，最终只有 17 个使用 CACs 成功重组。

2014 年，经过 IMF 等的协调努力，强化的集体行动条款推出，投票“菜单”包括单系列投票、跨系列双向集合投票和新的跨系列单一集合投票（single limb aggregated voting）。后者就是将所有要重组的系列放在一起投票。抵制重组的债权人几乎不可能在所有重组系列中控制超过 25% 的债券。强化的集体行动条款实质上赋予 2/3 以上的债权人决定重组的权利，并以此约束反对重组的少数债权人，防止后者利用“同等权益”（pari passu）条款破坏重组。

主权债券发行人通过在发行合约中增加集体行动条款得到违约重组难度下降的好处，但也要为此付出代价。包括集体行动条款的主权债券，与没有该条款的债券比，违约后债权人索赔的权利受限，也可能隐含更高的违约风险，因此市场投资人有可能要求更高的利率或收益率，降低了投资持有该类债券的意愿。CACs 对发展中国家的发债成本、发债难度并非完全没有影响，这也是经过近二十年，新冠疫情前只有大约一半的发展中国家主权债券含集体行动条款的部分原因。

3.4　国际主权债务角色变换

3.4.1　债务国的变化

20 世纪 70~80 年代，发展中国家就经历过严重的债务危机，外债占 GDP 比重最高达到 35%，其中主权外债占比一度达到 27%，违约债务份额最大的是中等收入国家。90 年代亚洲金融危机也主要发生在新兴市场国家。低收入国家的债务偿付困难长期存在，经过 HIPC 减债倡议和 MDRI 债务减免和勾销，债务负担（债务规模相对于偿付能力）大幅下降。但在 21 世纪的第二个十年，发展中国家债务负担又再次攀升。据世界银行统计，2020 年末全球 121 个发展中国家对外债务余额为 8.69 万亿美元，比 2008 年的 3.5 万亿美元增长了一倍多。外债占 GDP 比重也上升至 29.1%。最近这一轮债务危机主要发生在中低收入国家，尤其是能源进口国。

3.4.2　债权人构成的变化

20 世纪 70 年代以前，发展中国家外债来源主要为国际多边机构和发达国家政府（双边）的官方贷款。经过 70~90 年代的债务危机和 21 世纪初的多轮减债，尤其是 HIPC 减债倡议和 MDRI 的减免，发达国家官方双边债权占比大幅下降，发达国家更倾向于通过多边机构向低收入和中等偏下收入国家提供优惠信贷。根据世界银行数据，来自巴黎俱乐部的贷款占非洲国家外债的比重已由 2008 年的 15% 下降至 2017 年的 7% 左右。

新兴市场（非巴黎俱乐部）债权国近年来取代发达国家成为中低收入国家官方双边资金的主要来源。比较 2006 年和 2020 年符合 DSSI 资格的 73 个中低收入国家主权外债债权国构成的数据，传统官方双边债权国（OECD 国家）比重从 28% 降至 10%，而新兴债权国的比重大幅上升。中国作为最大的新兴债权国，提供了绝大部分中低收入国家新增双边贷款，中国的比重从 2006 年的 2% 上升至 2020 年的 18%（见表 3.4）。

表3.4　DSSI国家主权外债债权人构成（占全部主权外债的比重）

单位：%

债权人	2006 年	2020 年
多边金融 / 发展机构	55	48
官方双边债权国	36	32
中国	2	18
其他发展中债权国	6	4
巴黎俱乐部	28	10
非官方（商业）债权人	10	19
债券持有人	3	11
其他民间债权人	7	8

注：符合 DSSI 资格的国家。
资料来源：世界银行《国际债务统计》，IMF《世界经济展望》。

发展中国家商业债权人也发生了很大的变化。20 世纪 70 年代，由于国际金融市场资金充裕和贷款利率较低，发展中国家外债中来自发达国家商业银行贷款的比重不断增加。经过多轮债务重组，发达国家商业银行的债权在很大程度上被国际市场债券取代。HIPC 减债倡议及 MDRI 下债务减免后，低收入国家总体债务负担下降，政府财务好转，经济恢复增长，部分国家主权信用改善，因此，越来越多的中低收入国家开始通过欧债市场、政府和社会资本合作（PPP）、私人机构贷款、混合融资等商业贷款方式来获取融资。中低收入国家商业债权人的比重从2006年的10%大幅增加至2020年的19%，在很大程度上是由于国际市场债券持有人比重的上升（从3%上升至11%），也由于新兴市场国家商业银行成为中低收入国家的商业债权人。

"脆弱二十国集团"（V20）2022年的债务分析也印证了DSSI国家外债债权构成的变化。58个V20国家中有13个已陷入债务危机或高债务危机风险。这13国的主权外债债权人构成中非官方或商业债权人占39%；多边金融机构约占29%，其中世界银行占24%；官方双边债权国占32%，其中中国占16%。[①]

债权人构成的变化凸显了现行国际主权债务架构的缺陷。长期以来，发达国家通过巴黎俱乐部和国际金融组织的出资与投票权在国际债务处置中发挥重要的协调作用：组织集体谈判、推动债务国改革、为债务国注入新资金。新兴债权国缺乏或没有这些机制。由于历史的原因，部分新兴债权国或加入巴黎俱乐部（俄罗斯、巴西），或在有债权利益时作为特设参与国参加巴黎俱乐部谈判。巴黎俱乐部在国际债务谈判中重要性的下降降低了现行国际债务架构协调各类债权人的效率。商业债权人比重的上升也突出了这类债权人由来已久的参与难题，包括债券类债务重组的集体行动与法律纠纷等困难。债券持有人分散化使各方很难就合同更改达成一致意见，违约后法律诉讼的成本和海外资产被扣押的风险增加了当前中低收入国家主权债务重组的难度。此外，新

① V20 (2022)。

兴市场商业银行债权人与债务国的集体谈判也需要新的、类似伦敦俱乐部那样的平台。国际社会尤其是发展中国家呼吁公平、实质、及时的国际主权债务解决之道，要求进行相应的改革。

3.5 疫情等的冲击与国际债务架构的改革

3.5.1 暂缓偿债倡议（DSSI）

近年来，国际环境的剧变使更多发展中国家陷入债务危机。发展中国家主权外债务偿付困难并非始于新冠疫情。经济增长放缓、财政赤字高企、偿债成本（利息）上升是疫情前加重这些国家债务负担上升的主要因素。2020 年新冠疫情暴发初期，超过一半的 DSSI 国家已陷入债务危机或高债务危机风险。① 在疫情的冲击下，由于财政空间有限，发展中国家并未像发达国家那样实行大规模的财政刺激，公共债务占 GNI 的比重由于经济收缩或增长放缓有所上升，但并不是导致债务偿付状况恶化的主因。

新冠疫情暴发后，中低收入国家不可持续债务的处置被提上国际社会的议事日程。G20 在 2020 年上半年发起 DSSI，为低收入债务国提供暂时流动性支持，类似巴黎俱乐部 20 世纪 70 年代为发展中债务国提供的暂停到期债务支付。虽然国际社会一再延长 DSSI 至 2021 年底，但该机制的欠缺已很明显。首先，DSSI 很难有效协调各类债权人特别是商业债权人参与。中低收入国家到期债务中商业性（主要是主权债券和商业银行贷款）债务比重远

① 根据 IMF、世界银行数据，2020 年符合 DSSI 资格（IDA 优惠贷款资格，联合国定义的“最不发达国家”）的发展中国家共 73 个（不包括叙利亚、津巴布韦等对多边机构欠债的国家），实际暂停偿债 46 国，其中 6 国已陷入债务危机（External debt distress），27 国濒临危机或高债务危机风险。

高于其在债务存量中的比重，对债务国的偿付压力很大。①更重要的是，DSSI 不可能从根本上解决相当部分国家偿付能力不足、债务不可持续的问题。

3.5.2　后疫情时代中低收入国家的债务困境

偿债高峰的到来使许多中低收入国家外债偿付的前景进一步恶化。已实施两年的 G20 DSSI 于 2021 年底终止，参加 DSSI 的中低收入债务国被延后的利息加到期本金普遍大幅上升（见图 3.6）。疫情前中低收入国家利息支出占财政收入的比重已连年上行，新冠疫情的冲击与能源和粮食进口价格的高企进一步挤压发展中债务国的偿付能力，影响波及非 DSSI 的中低收入国家，尤其是依赖服务旅游业和能源进口的国家，有的甚至陷入能源 / 粮食、国际收支、债务偿付乃至政治危机。

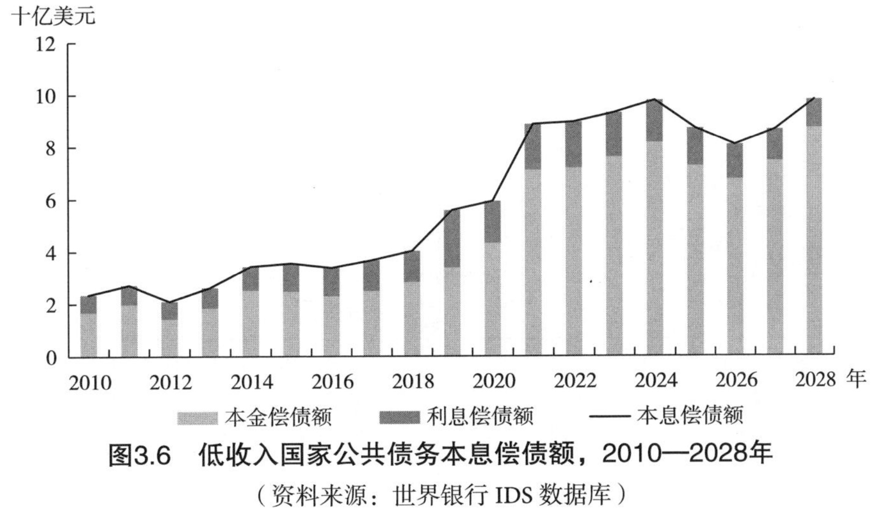

图3.6　低收入国家公共债务本息偿债额，2010—2028年

（资料来源：世界银行 IDS 数据库）

① 中低收入国家的商业性债务利率较高，还款期限较短，对到期债务压力较大。这些国家的其他主权债务主要是多边开发银行及官方双边贷款，通常利率较低，还款期限较长，对到期债务的压力相对较小。

3.5.3 G20“债务处置共同框架”

认识到DSSI的局限性，G20财政部长和央行行长会议2020年11月通过了“债务处置共同框架”（Common framework for debt treatment beyond the DSSI）。[①] 目前已有3个国家（乍得、埃塞俄比亚、赞比亚）申请在“共同框架”下的债务减免。“共同框架”旨在加强各类债权人，尤其是官方双边债权人之间、官方双边与主要多边债权人之间的协调，以促进债务处置及时有序进行，是战后国际社会应对主权债务处置新挑战与时俱进的延续（见表3.5）。

表3.5　战后国际主权债务处置机制的演进

机制	成立年份	发起人	债权人类型	性质和状况	债务形式
巴黎俱乐部	1956	十国集团	发达国家官方双边	非正式国际组织，巴黎俱乐部谈判达成的会议纪要不具有法律效力，但债权国和债务国依据会议纪要签署的双边协议具有法律效力	贷款
伦敦俱乐部	1976	国际商业银行	发达国家商业银行	非正式国际组织，伦敦俱乐部重组方案不具有法律效力，由各债权人决定是否接受	贷款
重债穷国减债倡议，增强版重债穷国减债倡议	1996，1999	IMF、世界银行	官方双边为主、多边为辅	正式国际机制，包含日落条款，已于2011年起圈定39个国家，不再对其他债务国减免	贷款

① G20（2020).

续表

机制	成立年份	发起人	债权人类型	性质和状况	债务形式
MDRI	2005	IDA、IMF、AfDF	官方多边	正式国际机制，包含日落条款，已于 2011 年起圈定 39 个国家，不再对其他债务国减免	贷款
集体行动条款，加强集体行动条款	1996，2014	十国集团	债券持有人	正式债券发行合同条款，具有法律效力	债券
SDRM 建议	2001	IMF	债券持有人	仅为建议，未获 IMF 执行董事会通过	债券
“共同框架”	2020	G20	发达和新兴市场官方双边	非正式国际机制，通过“共同框架”达成的谅解备忘录（MoU）不具有法律效力，但债权国和债务国依据谅解备忘录签署的双边协议具有法律效力	贷款

资料来源：作者整理。

“共同框架”明确要求各债权国遵循逐案处理、协调一致、待遇可比、信息共享等原则，与巴黎俱乐部的六项原则内容基本相同。巴黎俱乐部的有条件性原则要求借款国与 IMF 达成经济调整计划；团结一致原则要求成员国作为一个整体与债务国谈判重组；待遇可比原则要求非巴黎俱乐部双边和商业债权人的债务偿付不得优于巴黎俱乐部债权国；逐案处理原则考虑债务国的特殊情况；“协商共识”原则要求债务处置决议只有全部债权国一致同意才能生效和实施；信息共享要求债权国之间，债权国和多边机构之间须分享对借款国债务可持续分析和有关数据。总体来看，“共同框架”借鉴巴黎俱乐部重组机制的经验，将范围扩大至G20债权国，解决中国等新兴市场债权国在官方双边债权人之间以及与IMF、世界银行等国际金融机构之间的协调问题，以提高债务处置的效率、公平、参与度（见表3.6）。

“共同框架”条款明确指出，多边开发银行将通过各种方式，尽最大努力帮助发展中国家满足发展融资需求，包括国内经济调整改革、净新增融资和减债等，同时保护多边开发银行和金融机构的信用评级和低融资成本。IMF的主要作用是支持债务危机国宏观经济调整，其贷款是有条件的，要求债务国采取措施解决宏观经济不平衡以及结构性问题，这将有助于其他债权人重组后的债务得到偿还。实证研究表明，在主权贷款偿还的排序中，一般情况下，最为优先受偿的是多边机构，其次是主权债券持有人，再次是官方双边机构，最后是商业银行和贸易融资债权人。[①]

表3.6 “共同框架”与巴黎俱乐部债务处置机制对比

	巴黎俱乐部	“共同框架”
债权方	巴黎俱乐部	G20、巴黎俱乐部
债务国	无限制	73个DSSI国家
处置方式	逐案处理，含现行的四种条款和依云模式	逐案处理，暂无具体条款
可否双边渠道处置债务	不能	不排除

① Matthias S., Christoph T. and Mark W., 2019, “The Seniority Structure of Sovereign Debt”, NBER Working Paper No. 25793.

续表

	巴黎俱乐部	"共同框架"
处置流程	（1）债务国通过巴黎俱乐部秘书处提出债务处置申请； （2）债务国与巴黎俱乐部债权国集体谈判； （3）与债务国签署多边备忘录（Agreed Minutes）； （4）债权方与债务国依据多边备忘录签署双边重组协议	（1）债务国提出债务处置申请； （2）G20 债权国和巴黎俱乐部债权国应以公开透明的方式，与债务国谈判协商并确定债务处置的关键参数。关键参数至少应包括：IMF 贷款支持调整改革方案期间名义偿债额的变化量、债务净现值的减免幅度，以及债务处置后还款的延长期限； （3）各债权方与债务国签署谅解备忘录； （4）债权方与债务国依据谅解备忘录签署双边重组协议
债权方"一票否决"	是	是
非官方债权人是否参与	要求债务国向非官方债权人寻求待遇可比的债务处置	要求债务国向非官方债权人寻求待遇可比的债务处置
多边机构参与方式	• IMF 支持的经济调整改革方案是重组的前提条件 • IMF 和世界银行联合债务可持续分析（DSA）确定需要处置的债务参数 • 除 HIPC 减债倡议和 MDRI 之外，多边机构不直接参与债务重组	• IMF 支持的经济调整改革方案是重组的前提条件 • IMF 和世界银行联合债务可持续分析（DSA）以及债权方的共同评估确定需要处置的债务参数 • 多边机构支持债务国进行国内调整改革、在维持自身信用评级和低成本融资能力的基础上为债务国提供改革所需的额外优惠资金，不排除多边债务减免

资料来源：G20 和巴黎俱乐部官网，作者整理。

"共同框架"下首先处置的是官方双边债务。主要官方双边债权人不仅要和 IMF、世界银行一起评估申请国主权债务重组或减免的必要性与程度，还要协调其他官方双边债权人，在债务处置的主要参数上达成共识。非官方（私人或商业）债务的处置在官方双边债权国与债务国通过谈判达成协议的基础上按待遇可比性原则减免，债务国负落实该原则的主要责任。多边债务减免的可能性原则上存在。但考虑到“多边债务减免倡议”实施至今不过十余年，再次减免成本的主要承担方和决策权仍在发达国家，多边金融机构需要保护自身的信用评级以维持低成本融资，也有通过危机救助对重债国提供高优惠（低净现值）贷款，以支持债务国经济稳定、调整改革的选项，除非发展中国家债务出现系统性危机，再次多边债务减免目前很难获布雷顿森林机构多数投票权支持。部分高风险中低收入债务国的双边、多边、商业债务构成见本书数据附表 3。

3.5.4　中国与“共同框架”下的债务处置

据世界银行《国际债务统计 2021》，中国在符合 DSSI 资格国家 2019 年底官方双边债务余额中占比接近 60%，在部分国家远超该（平均）比例（见专栏 8.2，表 1）。如果陷入债务危机的国家都提出在“共同框架”下债务减免的申请，我国作为债权国首当其冲。

中国参加发起“共同框架”，也在“共同框架”下的债务处置中发挥积极作用。中国和法国共同主持了 2022 年 6 月中旬的第一次赞比亚债权人委员会会议。官方双边债权国给赞比亚提供融资保证后，IMF 执行董事会 2022 年 8 月批准了支持赞比亚债务重组、经济恢复的 13 亿美元扩展信用额度（ECF）贷款。在“共同框架”下乍得的债务处置已经完成，对埃塞俄比亚债务的处置也有望随 IMF 贷款支持的经济调整改革方案的落实而取得进展。

后疫情时代，中国在中低收入国家债务处置的多边框架下发挥积极领导作用也面临棘手挑战。随着更多的中低收入国家对外违约，我国需要组织违约债务国（如加纳）的债权人委员会，参与对非 DSSI 中等偏下收入国家（如斯里兰卡、苏里南）主权债务更及时、有序的处置以及在 IMF 组织的“全球主权债务圆桌”中发挥作用。这些挑战的实质是最大限度地保护我国的境外债权，明确区分官方和非官方债权，应对多边债务处置框架的信息共享要求，有效协调国内对外贷款机构，加强与布雷顿森林机构的合作，及时给出官方双边债权国的融资保证，有效协调国际各类债权人，妥善处理历史遗留问题，以及在国际债务处置中维持国内金融稳定。

第四章

对中国跨境融资和债务处置的研究

4.1　国内外研究的概况和局限性

关于中国对外投融资的文章很多，尤其是2013年中国发起“一带一路”倡议之后。关注中国对外贷款和债务处置的包括国内学术界和业界，国际金融机构，发达和发展中国家学术界和智库，以及新闻媒体。国内研究以学者为主，业界也有案例分析，但公开发表的不多，国内基于数据的实证研究较少。国际上发达国家学术界和智库发表的研究居多，影响也较大。国际金融机构的研究重政策和一些规则问题，真正的实证研究也很少。各方面的研究角度不同，观点也不同。本书的综述不求全面，但求客观，反映真实问题和争议。

本书收集到的对我国对外融资的研究都有一定的局限性。首先是研究的对象在不断变化，反映中国体制改革、经济转型的特点。很多变化有个累积或从量变到质变的过程，往往很难明确分辨，尤其在机构外、业外、国外，从而造成研究的困难，比如对外融资官方和非官方构成的变化，而债权的属性在债务处置中至关重要。

最大的局限性是缺乏贷款官方或机构发布的全面、系统数据。国际上智库和大学研究人员从其他渠道尤其是网络、媒体等收集的信息难免二手、碎片，汇集的流量、存量、分布、项目数据也受贷款承诺、发放、还款、项目执行情况等因素的影响。依据这些数据的实证研究可靠性打折扣。

局限性还来自于相关实证研究开展的时间不长。虽然中国对外提供信贷的历史超过半个世纪，但真正大规模对外提供融资，引起国际关注也是最近几年。在数据收集和实证研究方面比较有名的美国约翰斯·霍普金斯大学高级国际研究学院中国非洲研究倡议（SAIS-CARI）成立于2014年；威廉玛丽学院AID DATA对中国的研究也大约始于十年前；波士顿大学全球发展政策中心中国数据库（Global China Database）的中国海外发展融资数据从2020年开始发布，对非洲（2020年从SAIS-CARI接手）、拉美地区，以及能源行业的融资数据稍早。国外对中国债务处置的讨论也是从2017年才开始大幅增加。

本章的目的是从现有文献主要是实证研究，以及比较专业的分析看我国对外贷款和债务处置的影响、问题和争议。除了认真的研究和分析，对各种误解、质疑、反对的观点也不忽视。反映后者的文章林林总总，区分片面但反映一定情况的评论、辩论和指责甚至攻击不容易，这是这类综述的局限性。

4.2 对东道国经济和社会发展的影响

约翰斯·霍普金斯大学中非研究倡议（SAIS-CARI）Deborah Brautigam教授领导的团队较早对中国在非洲援建项目实地考察、收集数据并进行研究，也较客观地论证中国投融资支持的基础设施等项目缓解当地发展瓶颈的作用。① 越来越多基于不同数据的实证研究表明中国援建项目对受援国经济发展产生正面影响。

① 参见Brautigam, D. (2009), The Dragon’s Gift, Oxford University Press.

Axel Dreher 教授团队将夜间光照强度与地理辅助数据相结合，显示出中国援助项目促进了非洲经济增长；这一结果得到其他研究和使用更多发展中国家数据的证实。① Guo, S. 等（2021）发现中国基础设施援助项目启动两年后，非洲当地就业显著增加了 2~3 个百分点，且不同类型的基础设施都在短期内显著增加就业，而学校、医院和水电设施对当地就业的有利影响时间更长。Tang, K. 等（2019）研究了中国资助的加纳水电项目，结果表明在大坝建成后，居住在区域内的家庭电力供应增加了约 4%，且在城市和富裕地区电力可得性的改善更为明显。还有学者专注“一带一路”倡议下投融资对缩短国际贸易物流的时间和成本的作用，估计“一带一路”倡议可使全球和沿线国家物流成本分别下降 1.1%~2.2% 和 1.5%~2.8%。②

中国进出口银行“一带一路”金融研究院运用双重差分（Difference in Difference，DID）法和全球贸易分析项目（Global Trade Analysis Project, GTAP）两种模型进行量化分析，估算“一带一路”建设对沿线国家经济发展的影响。其中 DID 方法将“一带一路”倡议视作外生于经济系统的一次“自然实验”，验证其影响的“双重差分”中第一重差异是沿线国家在倡议提出前后的差别，第二重差异是沿线国家和非沿线国家的差别，经过两重差异比较得出“一带一路”倡议带来的“额外”经济增长效果。基准估算使用 2009—2018 年全球 126 个国家和地区的年度数据，剔除缺失值以后，包括 44 个“一带一路”沿线国家和 82 个非沿线国家（地区），共有 1153 个样本，得出“一带一路”倡议对经

① Dreher, A., et al. (2017), Xu, Z., et al. (2020), Dreher, A., et al. (2022).

② de Soyres, F., et al. (2018).

济增长、人均收入等发展指标有着显著正面影响的结论（见专栏 4.1）。美国普渡大学的 GTAP 属于“可计算一般均衡”（Computable General Equilibrium, CGE）模型。使用其最新涵盖 140 多个国家的第 10 版数据库，以中国进出口银行对沿线区域信贷变化作为外生基础设施投资“冲击”，运用 GTAP 模型分析“一带一路”倡议对沿线区域经济和贸易发展的影响，基本印证 DID 模型的结论。

除了经济影响，相关研究还发现中国援建项目对东道国积极的社会影响。生活在中国援助项目地区的家庭能够享受更好的教育，中国援助项目有助于降低婴儿死亡率也在国家层面数据得到印证。中国基础设施贷款可以通过降低基础设施相关成本来促进创业，而中国贷款占 GDP 比重越高的国家初创企业也越多。[①] 当然，相关研究也不是完全一边倒，有数据分析表明中国的基础设施投融资能够减少中低收入国家的区域内经济不平等，但也有学者发现在非洲有些地区的数据不支持这一结论。[②]

4.3 对东道国环境、治理及其他影响

现有文献认为中国发展融资对环境有正面影响和负面影响。运用 2000—2019 年数据对中国电力投融资项目碳排放的估算表明，中资支持的电厂年碳排放占东道国国内总碳排放量的比重差异很大，占比较高的少数国家集中在南亚、东南亚。中国对煤电的融资支持近年来大幅下降，并从 2021 年起不再支持海外新建煤电项目。[③] 其他研究发现中国官方贷款减少了卢旺达和布隆迪

① Martorano, B., et al. (2020), Cruzatti, C., et al. (2020), Munemo, J. (2021).
② Bluhm, R., et al. (2020), Xu, Z., et al. (2020).
③ 王建业等著（2022）。

的森林损失，中国援建的柬埔寨和坦桑尼亚基础设施项目仅在环境执法薄弱的地区导致森林减少，也没有证据表明中国的援助与非法偷猎象牙有关。[①]

中国发展融资对东道国国内治理的影响一直颇具争议。有研究认为中国资金加快了大型基础设施项目的建设，在为发展中国家带来了重大经济利益的同时，也带来包括腐败、冲突、环境退化和债务困扰的风险。[②] 一些研究认为中国援助项目对东道国治理产生的负面影响包括助长当地腐败、影响民主治理、妨碍工会活动、加剧种族认同、抑制经济改革。[③] 然而，几乎没有证据表明中国的援助有助于维持威权政府，或侵蚀公民对政府的信任。还有研究发现中国援助可以成为受援国政府传统援助减少的替代品。[④]

一部分文献研究中国官方援助是否及如何影响其他官方双边和多边发展援助。大多数调查证明中国援助增加了与发达国家之间的竞争，导致流向受援国的援助增加。对接受中国援助的国家，G7 倾向于提供更多的官方发展援助，以及将发展融资从社会领域转移到基础设施项目；当受援国获得更多中国援助时，世界银行提供的发展资金中基础设施项目的份额更大，而且贷款的条件减少。[⑤] 参与“一带一路”倡议的国家更有可能得到来自多边开发银行的贷款，但中国援助的流入并没有引起多边和其他双边援助的显著变化。[⑥]

① Marty, R., et al. (2019), BenYishay, A., et al. (2016), Hsiang, S. and N. Sekar (2016).

② Dreher, A., et al. (2022).

③ 参见 Brazys, S., et al. (2017).

④ Strange, A., et al. (2017).

⑤ Kilama, E. (2016)，Zeitz, A. (2021)，Hernandez, D. (2017).

⑥ Humphrey, C. and K. Michaelowa (2019).

还有文献研究中国官方援助对受援国民众态度或中国软实力的影响。住在中国资助项目附近的非洲民众对中国的看法更为正面，尤其是基础设施和社会项目。中国直接投资加大拉丁美洲民众对中国看法的分化，年轻、受过教育、经济条件优越的人群对中国形成了更积极的看法。欧洲学者通过对2006—2017年126个国家盖洛普世界民意调查数据的分析，发现受援国完成一个额外的开发项目，该国公众短期内对中国的支持率增加3个百分点以上，长期来看增加0.2个百分点。[①]

4.4 中国对外贷款透明度问题

国际上这方面研究很大部分是收集、估算或猜测相关数据，并与世界银行《国际债务统计》按债务国报告系统收集公布的数据比较，因为贷款方提供的信息有限。质疑和争议集中在中国发展融资规模和债务违约重组状况两个方面。

关于中国发展融资的规模，Horn, S.等（2020）收集了1949—2017年中国实体对146个发展中国家超过2100项贷款资料，并以此估算2000年以来100余个受援国的对华债务，认为世界银行的国际债务统计只包括大约50%的贷款，即存在大量“隐藏债务”（Hidden debt）。威廉玛丽学院AID DATA 2021年发布的中国发展融资2.0版数据库，使用该团队更新的“跟踪漏报金融流量方法”（TUFF Methodology 2.0）收集中国贷款信息。其他研究团队也对中国海外贷款信息的收集作出改进。[②]

① Eichenauer, V., et al. (2021), Wellner, L. et al.（2022）.

② Custer, S., et al. (2021), Acker, K., et al. (2020), Bon, G. and G. Cheng (2021), Kratz, A. et al. (2019).

还有学者按中国主要银行对外贷款来估算中国发展融资的规模和构成。Morris, S. 等（2020）分析了中国 2000—2014 年向 130 个国家发放的 1046 项贷款，发现其中 80% 来自中国进出口银行，14% 来自国家开发银行。工商银行、农业银行、中国银行、建设银行等上市商业银行也参加对外信贷。中国进出口银行贷款金额占总贷款的 55%，国家开发银行占 36%，虽然中国进出口银行贷款总额远超国家开发银行，但其贷款的平均规模要小得多。①

对所谓“隐藏债务”持不同观点的学者认为，AID DATA 等数据库大大高估了中国发展贷款规模，将包括私人部门的所有中国贷款甚至合资企业的借款都算在主权债务中。发展中国家对华主权债务规模是一个复杂的问题，不一定是故意向国际金融机构漏报或少报，有可能与借款国本身的能力和世界银行数据管理权限有关。中国学者也指出部分发达国家智库对中国发展融资规模估算及相关研究混淆了官方发展援助、其他官方支持的融资及商业性信贷。② 提出“隐藏债务”的研究团队也指出，他们收集的资料显示中国贷款机构倾向于按市场条件放贷，即利率接近私人资本市场的利率，而不是世界银行或 IMF 等其他官方机构提供的优惠利率。③

关于中国贷款相关的违约和重组状况，一些学者认为中国对外贷款的不透明也包括发展中债务国偿付困难而产生的“隐藏违约”（Hidden default），即缺乏披露、官方统计无记录的债务

① Morris, Scott, et al. (2020). Horn, S. 及其合作团队收集的数据也得出类似结论。

② Brautigam, D. and Y. Huang (2021), 张中祥（2019）等。

③ Horn, S., C. Reinhart, and C. Trebesch (2021).

违约、处置（Horn，S.，et al.，2022）。由于难以获得中国贷款重组的具体信息，包括国际金融机构在内的多数研究认为中国在重组中往往采取独特的双边模式，很难对中国的债务减免规模或“折扣”进行系统性分析。①

关于缺乏透明度的原因，一些学者认为在很大程度上是由于中国的贷款机构要求借款国严格保密，不能公布贷款明细。Gelpern, A. 等（2022）收集了 100 份中国机构的对外贷款合同，将它们与其他双边、多边和商业债权方的合同进行了比较，认为有三个特点：一是中国的合同包含特别保密条款，禁止借方披露条款内容，甚至该债务的存在；二是贷方使用了担保安排，并要求债务方承诺涉事贷款不参加集体重组谈判（“非巴黎俱乐部处理”条款）；三是合同中的债务免除、提前收回以及稳定条款有可能让贷款方影响债务国的内外政策。

学者还分析了缺乏透明度带来的风险和其他负面影响：一是可能增加债务国主权债券投资者的担忧，或影响帮助这些国家解决债务困难的 IMF 等国际组织。二是尽管中国贷款合同的一些条款在法庭上不能强制执行，但也可能限制债务国的危机管理选项，使债务重组谈判复杂化。三是可能影响债务国政府从中国借债的数量。不透明的借款人有使用中国资金规避西方压力的动机，贷款机构也有向不透明的借款人提供更多贷款的动力。但当地缘政治紧张、世界经济风险上升时，中国国有银行在提供新贷款和展期旧贷款时更加谨慎，发展中债务国因此面临中国贷款“突然停止”的额外风险。四是中国机构放贷和债务处置的独特

① Sturzenegger, F., and J. Zettelmeyer (2007), Cruces, J. and C. Trebesch (2013), Reinhart, C. M., and C. Trebesch (2016).

做法还影响与其他国际债权人（多边贷款机构、G20 其他债权国、非官方债权人）的关系。[①]

中国对外贷款缺乏透明度是否影响债务国主权等利益也有争论。有评论认为中国贷款合同对债务国政府的限制性条款在债务国遇到财政困难时有可能削弱该国对战略资产的控制，甚至认为“不透明合同让相关国家陷于债务之中，削弱其主权，从而促成依赖关系”。[②] 对此持不同意见的学者指出中国贷款给资金匮乏的穷国带来发展脱贫的效益，“削弱主权”的指责夸大其词，项目东道国政府及国内政治经济利益对项目的性质有决定性的影响。[③]

国际金融机构及其研究人员也在呼吁中国提高对外贷款透明度。提高透明度不仅有利于提高贷款项目质量，也能增加问责、减少腐败。世界银行和 IMF 共同管理的债务管理机制最近的报告认为政府借款人和贷款人不应使用保密条款，而应该在法律框架规定下及时向世界银行和 IMF 披露交易层面的公共债务信息，从而促进利益相关方的风险管理和政府履行公共责任。尽管没有指明中国，但报告认为有些低收入国家公开的公共债务存量统计误差可能高达这些国家 GDP 的 30%，而当前有 44% 的低收入国家正处于债务高风险，12% 的国家已经处于债务困境。布雷顿森林委员会主权债务工作组 2022 年的报告也强调，在新冠疫情导致新兴市场和发展中国家主权债务困境加剧的情况下，中国作为这些国家最大的官方双边贷方，提高主权贷款的透明度“至关

① Cormier, B. (2022), Horn, S., et al. (2022).
② Chellaney, B. (2017), Moody’s (2018).
③ Jones, L. and S. Hameiri (2020), Brautigam, D. (2020).

重要”。[①]

4.5 中国贷款的债务可持续问题

关于中国贷款债务可持续问题的讨论在2017年以后迅速增加，部分与斯里兰卡政府2017年12月将汉班托塔港99年经营权移交给中国企业、引发国际尤其是西方媒体关于“中国债务陷阱”的议论有关（见图4.1，专栏4.2）。批评者认为中国贷款支持的建设项目不仅为中国企业打开当地市场，使中国获得国内需要的资源能源，而且向有债务风险的发展中国家提供巨额贷款也使中国企业在借款方无力偿债时得以获得债务国的战略资产或权益。

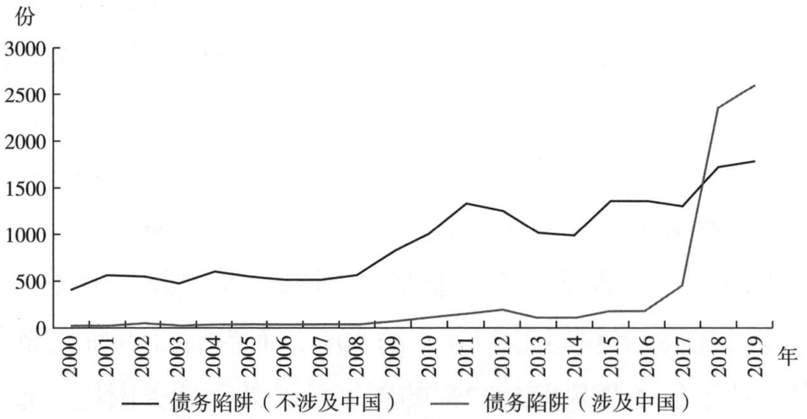

图4.1　全球有关“债务陷阱”的文献数量

［资料来源：许少民，李江（2019）］

随着部分债务国偿债风险的增加，有学者认为中国贷款支持经济发展的同时，未能足够考虑借款国偿付能力，导致债务不可

① World Bank (2021b, 2022), Bretton Woods Committee (2022).

持续性风险上升；缺乏透明度也会导致债务国过度借款。中低收入和新兴市场国家所欠中国债务存量远远超过巴黎俱乐部成员国，增加了相关国家的债务负担和偿还压力；贷款条款不公开，无法追踪，偏离了 IMF 和其他国际金融机构的标准做法，增加了债务管理和风险预警的难度。[①]

有研究认为，与发达国家和多边发展机构相比，中国资金的贷款比重高和贷款优惠度低，加重了资金流入国的偿债负担。中国支持发展中国家的资金以贷款为主，自发起"一带一路"倡议以来，中国贷款与无偿援助比率保持在 31∶1，发达国家官方支持的资金（OOF）与官方发展援助（ODA）比率则为 9∶1。与 OECD 和多边债权人的贷款相比，中国提供的大部分海外贷款平均利率为 4.2%，宽限期不到两年，还款期限低于十年。相当部分海外贷款以相对较高的利率（接近 6%）定价，远低于 OECD 优惠贷款相关标准，增加了借款国债务负担。此外，中国贷款合同通常要求"中国成分"，相关项目只有中国公司才能中标。中国资金支持的项目倾向于秘密谈判，而非公开招标，导致非竞争性定价，得到合同的通常是收费高于市场价格的中国国有企业。中国企业也倾向于使用中国工人而非项目国工人，不利于带动当地就业。[②]

中国海外资源开发等项目的收入或资产抵押（Collateralized）贷款安排也被认为有利于中方债权人，不利于债务国的其他债权人。为了满足国内对能源和自然资源的需求，中国国有债权人向资源丰富的发展中国家提供大量通常为市场利率而非优惠利率的

① Onjala, J. (2018), Hurley, J., et al. (2018), Horn, S., et al. (2021).

② Malik, A. et al. (2021), Gelpern, A., et al. (2022), Horn, S., et al. (2021).

贷款，用于资源开发项目，并以向中国出口自然资源的收入偿还贷款。在中国发放的50笔最大海外贷款中，有40笔是抵押贷款，以未来的商品出口收入为抵押，从而最大限度地降低还款风险。[①] 收入抵押的主权贷款安排也引起国际金融机构的关注，认为在一定条件下，这种安排有利于中低收入国家的经济发展，但缺乏透明度等因素也会使这类贷款影响对债务国的债务可持续评估，使国际债务重组复杂化（见专栏4.3）。

西方学者中不乏反对所谓“中国债务陷阱论”的声音。Chatham House、Lowy Institute等智库的2020年报告，Singh（2021）等学者均认为“中国债务陷阱论”没有现实论据支撑。Brautigam（2020）分析了中国对安哥拉、吉布提、斯里兰卡和委内瑞拉等国贷款和重组的案例，指出汉班托塔港股权转让合同是中国企业与汉班托塔港共商的结果，目的是缓解汉班托塔债务负担，同时降低中国企业和银行面对的违约风险，属于正常商业操作。在中国企业债转股之前，斯里兰卡曾向日本、印度、国际金融机构寻求支持，但没有得到积极回应。所谓“贷款换资源”也并非中国首创，早在1978年中国和日本就签署了《中日长期贸易协议》，日本向中国提供了近百亿美元信贷额度支持中国交通和能源基础设施建设，中国则向日本出口石油以偿还贷款。日本的这一安排并非出于政治目的，只是当时中国主权信用较弱，这种安排为贷款提供了必要的安全保障。

现有文献中经过同行审阅的学术期刊支持“中国债务陷阱论”的论文很少，这些文献也表明尽管能够看出中国利用债务工

① Malik, A., et al. (2021).

具推进经济和地缘战略目标，但无法说明中国对外贷款的目的是通过使发展中国家无法偿付债务进而获取战略资源。容鼎咨询（Rhodium Group）的研究人员对40个中国贷款案例的研究发现，中国并未战略性地使用贷款来实现政治目的，中方尊重借债国的意见，中国与借债国的债务谈判地位相对平等。①

4.6　中国债务处置问题

约翰斯·霍普金斯大学中非研究倡议（SAIS-CARI）的学者指出，历史上中国债务处置具有双边谈判、逐案逐笔处理的特点。他们收集的数据表明，从2000年至2019年中国至少免除了34亿美元非洲国家无息贷款债务。通过研究中国对斯里兰卡、伊拉克、津巴布韦、埃塞俄比亚、安哥拉和刚果共和国等国家债务重组的案例，他们没有发现资产扣押、合同仲裁、强制执行及罚息等情况。除了只免除无息贷款、无资产扣押，他们发现中方通常对逐笔贷款而非债务国整个中国贷款组合进行处置，处置的主要方式是展期，降低利率、减免本金较为少见。荣鼎咨询的研究团队根据所收集的2000—2020年数据得出类似结论，并发现最近几年债务方再谈判的请求增加，新债展旧债或再融资成为中方应对债务方偿付困难的重要方式之一。② 国内研究人员将我国对发展中国家债务处置的历史分成不同阶段，呈现从双边处置逐渐转向多边参与的变化，非官方或商业债权比重的上升也增加了债务处置场景的复杂性（见附录四）。

SAIS-CARI 的学者还总结了新冠疫情暴发后中国对中低收入

① Kairy, S. (2021), Kratz, A., et al. (2019).

② Acker, K., et al. (2020), Kratz, A. et al. (2020).

国家债务处置的举措。一是在G20框架下开展缓债和官方双边债务处置，指出中国已在DSSI框架下暂停了57亿美元的偿债，占世界总额一半以上；二是继续在中非合作论坛框架下免除无息贷款，2021—2022年宣布取消了非洲国家2020年、2021年到期的无息贷款；三是中国商业银行提供的特定债务处置，包括国家开发银行和中国工商银行等提供了缓债和减债；四是中国还向IMF的灾难遏制和救济信托基金（CCRT）捐款（Acker，K.，et al.，2021）。

中国债务处置另一个特点是部分债务国陷入多次债务重组。2022年主要学术期刊的一篇论文指出，根据作者收集的数据，中国自2008年以来共完成至少71次债务处置，超过同期巴黎俱乐部的68次。中国采取的债务处置方式与20世纪80~90年代的西方债权国类似，仅免除一部分无息贷款，延长宽限期和还款期，几乎从不减免债务面值或降低贷款利率。债务减免的不足往往导致债务国陷入不断的债务重组之中。债务国因债务负担过重难以恢复可持续增长被认为是出现多次债务重组的重要原因。[①]

本章第4.3节已涉及中国传统债务处置缺乏透明度的特点。在相关研究收集的数据中，绝大多数中国主权债务处置通过双边进行，根据每种情况量身定制方案，要求债务方保密。由于缺乏披露，IMF、OECD、巴黎俱乐部、国际信用评级机构等都不掌握相关处置信息，缺乏透明度往往加剧外界对中方意图的怀疑。该节还提及，大部分中国贷款合同含所谓“非巴黎俱乐部条款”，明确要求借方不得通过巴黎俱乐部进行重组或类似债务处置。

① Horn, S., et al. (2022), Bon, G. and G. Cheng (2021).

关于影响中国债务处置的因素，第 4.4 节指出中方在资源开发类项目中较普遍使用收入抵押贷款安排，使债务处置复杂化。有研究认为，债务国是否有其他替代融资来源，如 IMF 贷款或主权债券等其他融资渠道，可能影响重组方案。还有研究发现，当债务国发生政权更迭时，新政府通常比旧政府在重组谈判中具备更强影响力。此外，抵押并不是还款的可靠保证，委内瑞拉和乌克兰等案例说明中国债权人实际上并不能通过强制执行抵押物来收回贷款。还有学者试图分析中国相对于其他官方双边和私人债权人的债务份额对采用双边还是多边债务处置的影响，中国份额太大或太小都可能减少参与多边处置的意愿，最有可能与其他债权人合作处置债务的情景是中国债权份额居中。[①]

专栏4.1 “一带一路”建设对沿线国家经济发展的DID分析

1. 计量模型和数据来源[①]

模型的主要解释变量为 Treat × Post，其中 Treat 为分组虚拟变量（沿线国家 =1，非沿线国家 =0），Post 为时间虚拟变量（“一带一路”倡议提出后的年份 =1，其余年份 =0），实证模型如下：

$$\ln Y_{it} = \alpha\, Treat_i \times post_t + \beta \ln X_{it} + u_i + v_t + \varepsilon_{i,t}$$

其中，下标 i 区分国家（地区）、下标 t 区分不同年份，Y_{it} 为主要被解释变量即经济产出，取对应国家（地区）的国内实

① 王璇，“一带一路建设对世界经济增长贡献度研究”，中国进出口银行“一带一路”金融研究院。

① Kratz, A. et al. (2019)，Diwan, I and S. Wei (2022).

际生产总值的对数值，单位为2010年不变价美元，来源于世界银行WDI数据库。u_i、v_t分别为国家和年份的虚拟变量。在满足实验分组和政策时间随机的条件下，交叉项的拟合系数α即“一带一路”倡议实施对沿线国家在经济产出上带来的实际变化情况。

模型中加入了两类控制变量X，一类是投入要素，另一类是制度环境。投入要素参考经典柯布—道格拉斯生产函数，实际资本存量（K）、从业人数（L）、人力资本指数（HC），数据来源均为美国宾州大学与荷兰格罗宁根大学发布的佩恩表（Penn World Table 10.0）。实际资本（K）对应单位分别为2017年不变价美元，人力资本指数（HC）主要基于受教育年限与教育平均回报率等测算，上述变量均已经采用对数形式。

制度环境相关变量包括政府治理情况（I_Gov）、资本账户开放程度（KA_open）、贸易依存度（Trade_open）、通货膨胀率（CPI）等。其中政府治理指标（I_Gov）采用世界银行的全球治理指数（WGI），涉及6个维度；资本账户开放度（KA_open）来源于Chinn-Ito金融开放指数，已经标准化为0-1；贸易依存度（Trade_open）采用进出口货物贸易总额与GDP比值测度，贸易数据来源于联合国商品贸易统计数据库UN Comtrade；通货膨胀率（CPI）则来源于世界银行WDI数据库。数据主要变量的统计性描述结果见专表4.1。

专表4.1 主要变量的统计性描述结果

指标	名称	样本量	平均值	标准差	最小值	最大值
LnY	Ln（实际 GDP）	1153	11.31	2.00	6.80	16.70
lnK	Ln（实际资本存量）	1153	13.33	1.96	9.17	18.04
lnL	Ln（从业人数）	1153	2.57	1.54	−1.27	7.21
lnHC	Ln（人力资本指数）	1153	0.92	0.29	0.15	1.42
I_Gov	世界银行全球治理指数	1153	0.11	0.89	−1.74	1.87
KA_open	资本账户开放指数	1153	0.56	0.50	0.00	1.00
Trade_open	贸易依存度	1153	0.67	0.38	0.10	2.82
CPI	通货膨胀率	1153	0.04	0.05	−0.04	0.49

在基准回归的基础上，将被解释变量 Y 分别替换为人均 GDP、研发支出、全要素生产率，估算“一带一路”倡议对经济发展其他方面的影响。人均 GDP 为 2010 年不变价美元，研发支出采用研发支出占 GDP 比重乘以对应年份实际 GDP 估算，数据来源于世界银行WDI数据库；全要素生产率（TFP）来源于佩恩表，对应指标为 rtfpna，即以 2017 年为基期测算的不变价全要素生产率。以上变量均为国家—年份维度。

2. 实证回归结果

估算结果显示，在其他条件相同的情况下，倡议的实施使“一带一路”沿线国家实际 GDP 提高超过 1%（见专表 4.2）。“一带一路”倡议还对沿线国家人均 GDP、研发支出、全要素生产率等指标产生统计上显著影响（见专表 4.3）。

专表4.2　“一带一路”倡议对东道国GDP增长的影响

	（1）	（2）	（3）
Treat × Post	0.0279***	0.0142**	0.0128**
	（0.00814）	（0.00604）	（0.00567）
lnK		0.511***	0.450***
		（0.0307）	（0.0330）
lnL		0.0863	0.159**
		（0.0715）	（0.0714）
lnHC		0.0203	0.0604
		（0.0757）	（0.0684）
I_Gov			0.134***
			（0.0198）
KA_open			−0.00245
			（0.00850）
Trade_open			−0.0305*
			（0.0175）
CPI			−0.186**
			（0.0731）
国家（地区）虚拟变量	已控制	已控制	已控制
年份虚拟变量	已控制	已控制	已控制
样本量	1153	1153	1153
R^2	0.999	1.000	1.000

注：上标 ***、** 和 * 分别表示 1%、5% 和 10% 的置信水平，括号内为稳健标准差。

专表4.3　“一带一路”倡议对东道国其他发展指标的影响

被解释变量	（1）	（2）	（3）
	人均 GDP	研发	全要素生产率
Treat × Post	0.0466***	0.0867**	0.0222**
	（0.0081）	（0.0423）	（0.0087）
地区虚拟变量	控制	控制	控制
年份虚拟变量	控制	控制	控制

续表

被解释变量	（1）	（2）	（3）
	人均 GDP	研发	全要素生产率
样本量	1689	756	1140
R^2	0.998	0.992	0.591

注：上标 ***、** 和 * 分别表示 1%、5% 和 10% 的置信水平，括号内为稳健标准差。

“一带一路”对不同地区沿线国家经济增长拉动有明显差异性。根据模型测算，“一带一路”合作对于中亚、东南亚、中东欧的 GDP 拉动更加明显，南亚相对较小（见专表 4.4）。

专表4.4　“一带一路”倡议对不同区域GDP的影响

地区	（1）	（2）	（3）	（4）
	中亚	东南亚	中东欧	南亚
Treat 1 × Post	0.0430**			
	（0.0183）			
Treat 2 × Post		0.0328***		
		（0.0080）		
Treat 3 × Post			0.0294***	
			（0.0093）	
Treat 4 × Post				0.0180**
				（0.0090）
地区虚拟变量	控制	控制	控制	控制
年份虚拟变量	控制	控制	控制	控制
样本量	829	851	760	796
R^2	1.000	1.000	1.000	1.000

注：上标 ***、** 和 * 分别表示 1%、5% 和 10% 的置信水平，括号内为稳健标准差。

专栏4.2 “中国债务陷阱论”

“债务陷阱”（Debt trap）原指个人或政府负债超过偿付能力导致债务不可持续的现象。“债务陷阱外交”（Debt-trap diplomacy）指债权国通过信贷等经济行为增加对债务国的影响力，形成与债务国不平等的国际关系。2008年国际金融危机后，将中国与“债务陷阱”挂钩的议论逐步出现，2017年《世界报业辛迪加》一篇《中国的债务陷阱外交》文章发表后，“中国债务陷阱论”迎合了对中国海外投融资和影响力扩大的焦虑，很快成为西方媒体的热点议题。[①]

发达国家主要媒体多次刊文指责中国企业无视可行性研究报告关于汉班托塔港无法运转的结论，仍坚持上马修建，最终导致斯里兰卡汉班托塔港股权易手。受发达国家媒体的影响，部分债务国如斯里兰卡、巴基斯坦、巴布亚新几内亚、菲律宾等国内媒体也出现所谓“债务陷阱论”，有的文章断言借款国无法偿付的中国债务规模越大，中国在谈判中获得的优势就越大，周边中小国家只能接受不平等交易。

中外学者反驳“中国债务陷阱论”的主要论点包括两个方面。一是指出中国贷款并不是中低收入重债国陷入债务困境的主要因素。相反，中国提供融资遵循不干涉内政原则，为发展中国家尤其是发展滞后、被认为风险较高的国家打开了融资空间。这些学者建议相关国家聚焦于提高自身能力建

① Chellaney, B. (2017)，许少民、李江 (2019)。

设，更好地利用中国融资所带来的机遇。[②] 二是指出"中国债务陷阱论"与事实不符。中国学者对斯里兰卡、菲律宾以及肯尼亚的个案研究表明中国投融资导致"债务陷阱"的指责并非事实，有关国际媒体关于"中国债务陷阱"的报道并没有从东道国债务问题的实际出发，在忽视中国贷款支持项目对东道国经济发展积极作用的同时，片面夸大了对华债务的负面影响。国外学者结合案例分析得出结论，中国债权人从未真正从发展中国家没收过资产，汉班托塔港也不属于"资产扣押"之列，实际情况是中国债权人愿意谈判重组现有贷款条款。以汉班托塔港债转股等例子证明中国通过"债务陷阱"实施"现代殖民主义"与实际情况不符。[③]

② Singh, A. (2021)，以及 P. Maluki and N. Lemmy, "Is China's Development Diplomacy in Horn of Africa Transforming into Debt-Trap Diplomacy? An Evaluation", The Horn Bulletin, Vol. Ⅱ, Issue. Ⅰ, January-February 2019, pp. 9-17.

③ 参见周玉渊（2020），谢来辉（2019），以及 Brautigam, D. (2020).

专栏4.3 收入或资产抵押贷款

中国金融机构对外贷款控制风险的传统办法包括主权担保、资源开发类项目的收入或资产抵押等。收入抵押贷款的利息和本金偿付以项目产出商品的出口收益，或相关企业利润作为保障。与普通商业性收入抵押贷款相比，主权担保加收入抵押贷款，尤其是主权贷款项目使用石油账户等与项目资金流无关的托管账户，在债务存量和还款信息不公开的情况下，更容易受到质疑，引起其他债权人的担心。

近年来，国际社会对主权抵押贷款的关注度上升。IMF和世界银行的研究（IMF and World Bank, 2020）指出，满足严谨的债务可持续检验、交易条件透明、负面抵押条款合规等条件的收入或资产抵押贷款有利于落后国家吸引投资，发展经济。但主权担保的收入或资产抵押贷款相较于其他主权贷款更加缺乏透明度，影响债务可持续评估的有效性和多边监督机制发挥作用。当债务国发生债务违约时，有抵押物的债权人可以强制执行抵押品并从中获益，变相削弱了其他债权人地位，使无抵押债权人承担债务违约后果的风险加大，甚至可能影响世界银行等多边机构“优先债权人”地位。如果债务国以其核心资产（如战略企业的股权）或战略性现金流（如石油收入）作为抵押物，可使相关债权人具有很强的议价能力，进一步使债务重组复杂化。

IMF和世界银行因此将会更严格执行负面抵押条款（Negative Pledge Clause, NPC），加强对抵押贷款的信息披露，限制债务国将特定资产或收入流抵押给其他债权人，抑制有抵押的主权贷款。一旦世界银行对借款国执行违反NPC的相关规定，可能使借款国失去世界银行资金支持，甚至要求提前还款，对借款国偿债能力产生负面影响，间接影响收入抵押贷款的安全，这对以主权担保和收入抵押降低风险的海外贷款模式是个挑战。

第五章
国际治理体系处在十字路口

5.1　国内的主要关切与不同观点

21世纪以来，以中国为代表的新兴市场国家在世界经济中的地位快速崛起。随着经济地位的上升，新兴市场国家尤其是中国在国际发展融资中的角色从量变到质变，中国已成为全球主要发展融资提供方。由于发达债权国在重债穷国减债倡议下的减免勾销，也由于中国等新兴债权国贷款在最近十年的增加，世界银行最新报告显示，截至2021年，中国债权约占发展中国家官方双边债权总额的66%。在符合DSSI资格的中低收入债务国主权外债中，中国债权的比重从2006年的2%升至2020年的18%，而巴黎俱乐部（发达或传统债权国）从28%降至10%。在符合DSSI资格又向世界银行债务国报告系统报送债务数据的68个中低收入国家中，43个国家的最大官方双边债权人是中国。

中国成为国际融资治理体系改革的重大利益攸关方，也面对严峻的挑战。在国际融资规则改革方面，中国支持公平竞争的宗旨。扩大官方支持融资规则体系在全球的兼容性、完整性、约束力，中国和其他新兴市场大国不可或缺，是推动现有国际规则与时俱进的关键力量。2012年中美两国发起包括9个新兴市场国家和9个发达经济体的集体谈判，旨在达成一套新的全球性官方支持出口信贷国际规则。但规则改革的谈判2020年陷入停顿状态，至今仍未重启（见第2.3节）。在债务处置方面，中国债权在中低收入债务国全部外债中的比重低于多边或非官方（私人）债权人，但由于多边机构和私人债权人的特殊性，中国成为国际主权债务重组的焦点。据世界银行的《国际债务统计》，2021 年中低收入国家（即人均 GNI 小于 4095 美元的国家）主权外债中，多边贷款、双边贷款、国际市场债券、商业贷款占比分别为 34%、24%、33%、10%。相对于商业和多边债权人所占 3/4（其中债券和多边机构贷款各占 1/3）的份额，中国只是官方双边债权人 1/4 份额中的一部分，约占 8%。

对于中国参与国际融资治理体系改革，尤其是主权债务处置，国内也有不同观点和顾虑。比较典型的观点包括：

（1）多边和非官方债权人在中低收入国家外债构成中占的比重远超过中国，若这些债权人不参与债务减免，发展中重债国很难将债务降至可持续水平。目前多边机构债权人占中低收入重债国主权外债的比重很高，这些机构提供的新贷款增加债务国主权外债现值（PV）。尽管国际社会强烈呼吁，代表国际商业银行的国际金融协会明确表态（IIF，2020），非官方或商业债权人也没有参加 2020—2021 年的 DSSI。主权债券这些年的大量增加也推高债务国外债的现值。主要多边金融机构的低收入国家债务可持续分析框架使用债务现值评估，将债务国外债总现值减至一定水平实际上要求债权比重较小的官方双边债权人承担更大的负担。减债损失公平分担要求多边和非官方债权人参与债务减免。中国愿意考虑出资支持多边机构设立减债账户，促进多边机构参加对低收入国家的债务减免。

（2）当前处理发展中国家债务不能简单照搬之前的国际惯例，要顾及新兴债权国的实际情况，避免“他人点菜，我方买单”。历史上发达债权国曾通过巴黎俱乐部集体谈判，以及与IMF—世界银行合作对重债穷国所欠的整个债务组合大幅度减免。新兴债权国也是发展中国家，中国必须顾及本国国内的实际情况。国内对外贷款机构较多，过去在缺乏财政支持的情况下，一些机构自主决策，做了超出本机构风险控制能力的项目。目前对国内债务偿付问题，如各地城市投资公司（融资平台）债务，也没有财政“兜底”，没有对债务一揽子统一处置。在多类型多机构不同贷款的情况下，区分债权人和贷款，解决权责不清、道德风险等问题，各类债权人为自己的不良贷款承担责任。

（3）中国债权总额较大、结构复杂，其中许多海外债权目前不具备减免面值的条件。对中国金融机构来说，在没有明确区分官方和非官方对外债权之前减计贷款的账面价值，将直接影响资产负债表。这不仅被视为国有资产的损失，导致相关机构和人员被追究经济和政治责任，而且还会冲击我国金融市场。若不良贷款金额巨大，可能会引发系统性风险。对外投融资机构反映，即使海外项目所在国财政偿付出现问题，他们的许多商业性项目仍然现金流稳定、收益良好，且有助于当地就业和经济发展，因此国与国之间债务处置不应“一刀切”。政府对机构海外债权问题的解决不应使用行政手段，必须按有关法律妥善解决。

（4）目前对私人债权人，尤其是主权债券持有人参与国际债务减免并没有成熟可靠的框架。这些债权人“搭便车”的风险不仅存在，而且较高。部分重债国外债中主权债券的比重较高，近几年有的中低收入国家得到DSSI下官方双边债务缓付的同时，仍如期偿付主权债券，使私人债权人变相受益。非洲中低收入国家与拉丁美洲中等收入国家（如阿根廷等）相比，缺乏与债券持有人等商业债权人进行债务重组减免谈判的能力和经验，很难使这些债权人让步，从而满足 IMF—世界银行经济调整改革方案待遇可比“融资保证”的要求。此外，一旦部分债券持有人诉诸法律诉讼，官方双边债务减免资金有可能被用于偿还这些债券持有人，使私人债权人“搭便车”。

（5）若以中国为代表的官方双边债权人首先减债（“剃头”），可能对后续债务偿还形成示范效应，让新兴债权国承担过大的减债压力。减免资金的用途可能难以被监测和控制，难以保证债务国将债务减免资金用于民生和经济发展。

（6）若完全遵守抵押限制政策的相关规定，只能使用项目相关资产或收入作为抵押担保，且抵押贷款定价较信用贷款定价低，会削弱抵押贷款项目的可行性，缩小项目选择空间，限制相关贷款业务的开展。另外，公布抵押合同条款，可能还将违反相关保密要求。

积极参与后疫情时代国际融资治理体系改革，包括国际规则谈判和主权债务处置对我国具有重大利益。发展中国家债务危机不仅会对国际金融市场、全球经济增长造成严重冲击，也会对中国的海外资产安全构成危害，并对中国的外交和国际形象产生负面影响。21 世纪以来流入发展中国家的资本类别和这些国家对外债务构成的变化，使 20 世纪形成的国际债务处置架构无法有效应对 21 世纪的主权债务危机，凸显了这一领域改革的迫切性。相关的改革必须有中国的参与，也必须反映新兴市场国家的利益和现实。中国面临抉择，既要最大限度地维护海外债权和资产安全，也要支持多边主义和发展中国家，推动国内相关体制改革，在国际融资规则改革和主权债务处置中发挥应有的作用。

5.2　与发达国家的主要分歧

国际融资规则改革的目的是促进包括新兴市场国家和跨境融资新领域的公平竞争。对此中国和发达债权国、其他新兴债权国之间没有根本的分歧。国际出口信贷谈判陷入停顿有百年未有之大变局的背景，具体的原因是透明度和债务可持续等落实难点。在主权债务处置方面，国际社会尤其是发展中国家呼吁公平、实质、及时的国际主权债务处置。G20 在新冠疫情暴发初期推出 DSSI，随后推出主权债务处置的“共同框架”，旨在解决中国等新兴债权人与巴黎俱乐部，以及 IMF、世界银行等多边债权人的协调问题，并在此基础上推动非官方或私人债权人参与。中国是 G20 的重要成员，也是 DSSI 和“共同框架”的发起国。

“共同框架”借鉴了巴黎俱乐部的经验，基本沿用了其原则，包括：应债务国要求开展债务处置，经过严格、客观的债务可持续性评估，有一定的前置条件（IMF 支持的经济调整、治理和结构性改革等），要求不同债权人之间保持待遇可比，要求官方双边债权国通过协商就债务处置的广度和深度等参数达成共识，同时要求债务人与债权人、债权人之间及时共享债务数据、融资计划等信息，并要求官方双边债权国与布雷顿森林机构密切合作。

我国支持公平、实质、及时的主权债务处置目标。债务国希望尽快走出危机，早日恢复偿付能力和可持续发展。中国参与“共同框架”下的债务处置，为债务国提供及时、充分的债务救助，可帮助这些国家尽快重回增长之路，同时也尽量减少自身海外债权的损失。中国等新兴债权国、发达债权国和中低收入债务国在“共同框架”下的长远利益一致。

对于债务处置的原则，包括债权国之间公平公正、团结一致、逐案处理的原则，债权人之间待遇可比，不让少数债权人获得损害其他债权人利益的不公平偿付等基本原则，中方是认可的。我国也支持提高对外投融资透明度，并为此作出了不少努力（见第 6.5 节）。对于债务可持续，中国金融机构也与国际同行没有原则上的分歧。

然而，中国作为新兴债权国，确实有一些值得其他国际债权人重视的关切。在中低收入国家债务中多边和非官方债权人份额不断扩大、债务危机和高风险国家众多的情况下，仅靠份额日益下降的官方双边债权人减免很难使危机国债务负担降至可持续水平。从长远趋势来看，中低收入国家外债的官方双边份额继续下降，这部分债权人减免债务的作用日渐式微，国际主权债务处置架构的改革必须考虑国际债务格局的变化。此外，私人债权人尤其是债券持有人不参与债务处置，在官方双边债权人承担资产损失之时“搭便车”，获得及时足额偿付是现实存在的风险，也是国际主权债务架构改革必须解决的难题。第 5.1 节所列第二、第三项关切反映了中国国内经济发展和体制改革的实际情况。中国不能照搬发达债权国通过巴黎俱乐部对重债穷国债务一揽子深度减免的做法，有国内目前实际情况的约束，也有传统债务处置方式的影响。

中国过去处置发展中国家债务的做法同发达债权国有较大不同，这与中国对发展中国家贷款性质的变化有关。中国对低收入国家提供发展援助、支持基础设施建设等项目始于本国人均收入很低的 20 世纪 60~70 年代，那时国内财力极其有限，不允许像发达国家那样提供大量、高度优惠的援助。70 年代末改革开放以后，中国对外援助占中央财政支出的比重逐步下降（见附录四）。在这样的背景下，中国支持发展中国家的信贷融资很早就走了一条市场化的道路，以市场化的方式支持企业“走出去”，加强中国与非洲及其他地区发展中国家的商贸纽带。[①] 由于人民币不完全可兑换，中国金融机构海外项目贷款大部分使用美元，美元融资成本比多边金融机构和发达国家的都高。经济体制改革也推动中国金融机构自主决策、自担风险、自负盈亏，因此其大部分海外贷款按市场或商业原则控制风险和定价，如资源开发等生产性项目的收入抵押贷款安排，与 OECD 国家和多边发展银行官方发展援助优惠贷款不一样。真正纳入政府财政预算的对外发展援助主要是无偿援助、无息贷款以及中国进出口银行使用人民币发放的援外优惠贷款。

由于以上变化不容易从外部分辨，外界长期将中国国有控股银行或企业的对外信贷当成中国官方发展援助的一部分，并认为中国的援助不够优惠，其实是混淆了不同性质的贷款。在南南合作背景下，相关项目实现经济意义上的“互利共赢”在很大程度上是由于商业合作占越来越大的比重（见第 2.1.4 节）。因此，根据贷款官方和非官方性质，政府间贷款和中国企业债权在债务重组时分开谈判，分别处置。

中资企业使用国内银行提供跨境融资，它们的海外项目大多位于发达国家商业银行等金融机构认为风险过高、很难满足信贷融资条件的国家和地区。中资企业海外的生产性项目重视项目收

① 参见 Wang, J. (2007)。

入和商业可行性，但项目所在国发展水平低、经济结构单一、脆弱性高、周期性出现债务偿付困难也是很难回避的现实。这些特点决定了中方企业必须灵活处置不断出现的流动性短缺等问题，在出现偿付困难时不主动要求偿付，需要在重组时根据项目特点和进展按实际情况处理，以双方可接受的方式推动项目的完成。

中国对发展中国家债务处置的做法也并非一成不变，在过去半个多世纪呈现从双边处置向配合多边倡议，到多边倡议发起和主要参与国的变化。约翰斯·霍普金斯大学中非研究倡议（SAIS-CARI）的研究人员对中国 2000—2019 年对非洲国家债务处置的类型和变化作过深入研究，他们收集的数据和案例分析印证了本书研究团队的观察：21 世纪以来，中国政府已经免除了数十亿美元的无息贷款，但债务减免尚未涉及援外优惠贷款和优惠出口买方信贷（“两优”贷款）；债务重组优先采用展期或再融资，其次是降低利率，最大限度地避免本金损失；中国政府积极配合 IMF—世界银行的重债穷国减债倡议，但具体落实仍延续双边谈判和个案处理（见专栏 5.1）。

综合以上观察，中国传统债务处置以双边谈判为主、信息不与其他债权国共享的做法（国外学者称为“中国特色债务重组减免”）是历史的产物。自 21 世纪以来，中国对发展中国家债务的处置已从双边到与多边倡议并行，到参与发起 DSSI、“共同框架”等国际倡议，处置债务的力度和贷款种类也在不断扩大。债务处置做法的不同，如不附加涉债务国国内政府治理、宏观政策、结构性改革等条件，与中国长期秉持的不干涉他国内政原则和南南合作理念有关。而债务处置方式从双边到多边框架下谈判、从不公开到信息共享更多是受国内因素制约，这其中最重要的制约是官方和非官方债权的区分。

5.3　面临的选择

国际融资治理体系的改革需要中国参与，中国自身也面临着重要的抉择。随着我国在全球发展融资中的地位和重要性上升，我国已成为多边债务倡议和国际债务架构的重大利益攸关方。在百年未有之大变局、主要发达国家对部分发展中国家实施制裁和战略遏制的背景下，我国在国际跨境中长期融资治理体系的两个重要方面，即国际规则的与时俱进和主权债务处置架构的改革中面临重大抉择。是维持现状，还是推动改革？是全球一个体系、一套规则，还是另起炉灶、坚持过往做法？

5.3.1　国际融资规则方面

官方出口信贷的"君子协定"实施四十余年，新兴发展融资提供国虽然目前在这套规则之外，但基本参照"君子协定"的融资标准，实际与"君子协定"接轨。我国也曾就通过改革打造全球一套规则体系与发达国家和其他新兴市场国家进行了多年集体谈判，目前谈判陷入僵局。中国坚定支持世界贸易组织（WTO）的规则，包括反补贴协定，也已申请加入《全面与进步跨太平洋贸易伙伴关系协定》（CPTPP）。美国及其盟国发起的"印太经济框架"（IPEF）旨在引领新领域国际规则和标准的制定，我国在这些领域有重大利益，也是这些领域国际规则的重大利益攸关方。我国在国际融资规则谈判中遇到的难点也主要是国内因素制约，如提高透明度和遵循跨境贷款的债务可持续原则，而不是两个体系、两套规则之争。

从理论上来说，不融入现有国际规则体系，不从内部推动这一体系的改革和与时俱进，另搞一套规则体系或另起炉灶也是个选择。但另起炉灶就是从加入 WTO 以来融入世界经济的进程倒退。有多少国家、什么国家选择加盟，新规则集团内是否信息共享，能否持续都是难题。我国反对拉“小圈子”，不输出本国经济模式，面临的选择其实是如何克服国内外障碍，推动国际规则体系朝着更包容、更有效、更符合 21 世纪国际竞争现实的方向改革。

5.3.2 债务处置方面

过去几十年，我国官方双边对发展中国家债务处置总体经历了从国际债务架构之外到进入并成为该架构重大利益攸关方的过程。目前中国面临的主要抉择如下。

第一，我国与债务国是在双边还是在多边框架下处置官方双边债务？我国已经在“共同框架”下与法国共同主持赞比亚的债权人委员会，为 IMF 贷款支持的赞比亚经济调整方案提供融资保证；支持乍得债务处置的完成；支持埃塞俄比亚得到 IMF 的经济调整贷款，其主权外债处置有望在 2023 年取得结果。从我国政府在“共同框架”下的行动来看，我国已经作出了选择，就是在多边框架下处置低收入国家的不可持续债务。当然也要多角度考虑问题，不低估可能的负面影响，在多边框架的债务重组中坚决维护我国海外债权利益。①

第 5.1 节、第 5.2 节提到的分歧和不同观点，有国内因素的约

① 易纲（2022）。

束，如不分清官方和非官方债权就不具备债务处置条件，目前情况下减计贷款账面价值有较大的国内负面影响等，要靠推进国内改革来解决。应该指出，不减记贷款账面价值并不等于债权没有损失，得不到偿付的债权没有净现值，如果是国有资产，已经出现资产流失。其他的顾虑和担心，如避免“他人点菜，我方买单”的主动权在我方，“共同框架”要求债权国共同协商，中国有发言权和否决权。对于官方双边债权人首先债务处置的负面“示范效应”，从历史实践来看，并不明显存在。对于减免资金难以监测和控制、私人债权人“搭便车”问题，战后国际金融史证明，布雷顿森林机构的专业第三方监督可以有效减轻引发以上担心的问题。

第二，债务处置谈判各方能否信息共享？债务透明度与信息共享是国际社会关注的重点，我国也支持发展中国家通过改革逐步提高债务透明度。发展中国家提高债务透明度从根本上来说是为了自身的利益，债务不透明本身就是风险。提高债务透明度有利于加强债务管理和防范风险。同样的道理也适用于新兴债权国的对外债权，提高透明度有利于问责，有利于降低因不透明带来的资产风险。

近年来，多边机构推出多份报告，指出债务数据不透明是导致债务不可持续、债务重组困难等问题的重要原因，主张采取措施提升主权贷款信息透明度，限制贷款合同中的保密条款。[①] 发达国家通过各种渠道发声，要求主权借贷双方披露贷款信息，避

① 如 IMF 2020 年发布的债务限制政策改革方案，世界银行 2021 年发布的《发展中国家的债务透明度》报告、2022 年发布的《加强公共债务交易披露，提高债务透明度》报告等。

免使用保密条款。OECD 已成立债务透明度委员会、发起债务透明度倡议，实施由国际金融协会制定的“债务透明度自愿原则”，收集并分析主权贷款的金额、定价等数据。[①] 我国的主要商业金融机构也是国际金融协会的成员。[②] 在官方支持的信贷和主权债务信息透明度方面，长期游离于国际通行实践之外的国家将面临更大压力。

对外债权不透明有诸多负面影响。我国较少公布对外贷款信息，助长了外界通过网络等非官方渠道收集二手、三手资料，猜测官方和官方支持债权的规模和分布。长期以来，我国在主权贷款项目上“只做不说”或“多做少说”，较少公开披露或与多边、双边机构分享主权贷款信息。外界难以通过官方途径获得相关数据，只能通过新闻媒体等碎片化的信息渠道收集整理我国境外贷款数据、估算贷款规模。由于信息失真以及口径分歧，如将国有企业对外贷款归为官方贷款，或将非主权类贷款归为主权贷款，以及难以分清贷款承诺、放款、还款和年末余额等，进一步加剧了“债务陷阱论”的炒作。

国际信贷有债权和债务两方，单方面控制信息披露很难持久。我国官方出口信用机构的对外主权贷款，即使我方不公开，世界银行等国际机构也会通过债务国报告系统掌握一定信息。当需要通过多边渠道进行债务重组时，我国“两优”贷款无可避免地会被相关债务国公开。从长远来看，在我国支持多边主义的大

① 由 OECD 国家中央银行和财政部、国际金融机构（包括国际清算银行、IMF、世界银行等）、国际金融协会、商业银行、学者和民间社会组织组成。

② 国际金融协会（The Institute of International Finance，IIF）是目前全球最大的全球性金融业协会，总部设在美国华盛顿，成员包括世界主要的商业银行、金融投资机构、资产管理公司、养老基金、评级机构和保险公司等。

方向下，与国际社会共同推进官方和官方支持对外贷款透明度的提高是必然选择，也有利于发展融资可持续。当然，提高透明度应充分考虑新兴发展融资提供国现有实践和关切。可通过新兴债权国与传统发达债权国就主权贷款信息披露的范围、周期和形式达成共识，来逐步解决。

第三，债务处置是否要求债务国国内调整改革？债务国面对多边金融机构的约束已是事实。多边债权人通过多种方式为借款国国内改革提供激励和约束。IMF 向一国政府提供贷款前，要求该国制定涉及货币、财政、公共债务、结构性改革等方面的调整方案，并对贷款分阶段放款设前置条件或经济调整改革的阶段性指标，只有在借款国政府落实上一阶段调整改革后才发放下一阶段贷款。IMF 严格监测这些前置条件的执行情况，如果借款国没能达到相关指标（如公共财政增收节支），IMF 可能暂停甚至中断放款或调整支持计划。

多边金融机构对借款国设置了与债务风险挂钩的新增债务限制政策。借款国借入这些机构的贷款期间，再借入非优惠外债将受到限制。如果借款国违反新增债务限制政策，多边金融机构很可能中止贷款。在违反债务限制政策的问题解决之前，借款国无法再从多边机构获得新的融资支持。近年来，多边机构的债务限制措施越发严格，由仅限制新增非优惠外债扩大为既限制非优惠外债、又限制优惠度不够高的外债。IMF 的公共债务限制政策（DLP）和世界银行的可持续发展融资政策（SDFP）通过最近的更新，对新增债务的约束也更加严厉，将混合融资界定为非优惠贷款。[①] 总体而言，布雷顿森林机构的债务限制政策对中低收入国家借入高成本资金起到了一定的抑制作用，为这些国家制定谨慎的债务融资战略提供量化指标，督促这些国家做好债务事前管理而非事后处理，也对中国债权的保护起到积极作用。

中国过去的债务处置方式客观上降低了借款国的违约成本，在一定程度上产生道德风险。与多边机构、传统双边债权方和商业债权人相比，借款国对中国债权方的违约成本相对较低。据约翰斯·霍普金斯大学中非研究倡议（SAIS- CARI）收集的资料和数据，在借款国偿付违约的情况下，中国贷款方实际上能够采取的办法只有暂停现有项目放款或取消新项目。尽管中方在主权贷款合同中明确规定了违约情况下的仲裁机制，但目前为止还从未诉诸，也未有任何罚息等违约处罚先例。在过往债务处置案例中，中国债权人没有通过起诉或利用债务偿还困难攫取债务国资产或资源（所谓“资产掠夺”）的情况。[②] 赞比亚学者指出，刚果共和国和莫桑比克的案例表明，与中国贷方达成债务重组协议比与私人债权人更容易。[③] 维持过去双边谈判的债务处置方式，中国债权人对借款方的通融和让步因此可能会产生一定道德风险。

激励债务国落实国内经济调整不等同于干涉内政。我国在国

① IMF 执行董事会 2020 年 10 月批准、11 月公布的 DLP 改革方案将混合融资当成非优惠贷款（零赠与成分）。这类混合融资包括含大量实物（如项目所需机器设备）赠送的融资，以及以项目无关收入（如大宗商品出口收入）做抵押的贷款。该方案 2021 年 6 月正式生效（IMF，2021）。

② 参见 Acker, K., et al. (2020)。

③ Jean-Christophe Servant, “China Steps in as Zambia Runs out of Loan Options”, The Guardian, December 11, 2019, https://www.theguardian.com/global-development/ 2019/dec/11/china-steps-in-as-zambia-runs-out-of-loan-options.

际发展合作中始终秉持不干涉他国内政的原则，不干预其他国家探索符合国情的发展道路，也不附加任何政治条件。但不干涉内政并不代表在融资合作和债务处置过程中不能对债务国后续的借贷行为、债务管理、债务减免资金的使用提出加强管理、改善治理的要求。在很多情况下，并非贷款项目本身出了问题，而是当地营商环境、税收制度、其他配套措施乃至国内债务管理的欠缺，使项目无法产生预期效益。从历史上看，20 世纪 80~90 年代的拉美债务危机和非洲债务危机与一些国家盲目举债有很大关系，大部分债务未转化为发展和偿付能力，甚至出现寅吃卯粮，借新还旧的恶性循环。此外，低收入重债国家经济结构普遍较为单一，抵御外部冲击能力较弱，更需加强对有限发展资金的管理。

我国可以对借款国提出相关建议，鼓励、支持这些国家有针对性地加强能力建设，审慎管理债务，确保债务减免资金用于恢复经济、改善民生。这在一定程度上可以缓解第 5.1 节提及的第 5 项国内关切。通过与债务国协商，合作建立主权债务风险主动防控激励约束机制，并鼓励借款国优化营商环境和项目配套支持，还可扩大合作领域和市场开放，有利于双方互利共赢。

第四，债务处置的具体依据、范围、顺序和方案等是否自主选择？通过综合分析这些涉及布雷顿森林机构主导、多边机构与官方双边债权国协调与合作的国际实践，包括比较 IMF—世界银行低收入国家债务可持续分析框架（DSF）和我国财政部发布的《“一带一路”债务可持续分析框架》（见专栏 5.2），本书的结论是作为发展中国家最大的官方双边债权国，多边框架下的债务处置必须得到我国的支持，必须符合我国和其他债权国、涉事债务国，以及国际社会的长远利益。从这个意义上来说，我国有很大的自主权。但具体的债务处置依据、范围、顺序和方案，如债务处置的量化指标，不论是债务国外债现值，还是净现值、债务现值或净现值减少的幅度、如何真正解决待遇可比和公平负担问题等，需要由涉事方在多边框架下协商决定，除非我们重回双边、不公开的债务处置之路。

目前的国际实践是减债深度由 IMF 团队在世界银行协助下计算，要求将危机国债务减至“可持续”水平。减债幅度以参加重组债务（如官方双边加商业性外债）的百分比（如 47%）或美元现值（如 63 亿美元）表达。除了这些关键参数的估算存在不可避免的“自由裁量”成分、多边债权人不参加减债、私人债权人从未在官方双边债权国达成协议前参加重组减免等问题外，新兴债权国的债务处置还受诸多短期难以改变的国内因素的约束，这些也许就是国内认为多边债权人不参加减债不公平，担心“他人点菜，我方买单”的真正原因。[①] 这些关切不解决，“共同框架”下的债务处置就会拖延，债务国的利益就会受到伤害。在多边框架下协商能否和国际金融机构、其他债权人及当事债务国形成共识的关键在于论据是否合理、充分，给出的选择是否灵活、顾及各方关切。

我国是布雷顿森林体系的创始国，在布雷顿森林机构的投票权中位居前列，也是战后国际经济金融治理体系的受益方，是推动现有国际治理体系与时俱进的关键大国。中国一再表明支持多

---

① “可持续”债务水平与对债务国未来偿付能力的预测有关，也与参与重组减免的债务范围有关。据报道，赞比亚的国际债券持有人认为减债不应超过 45%，国际机构计算要求 47%（现值 63 亿美元）减债。还有债权人认为重组债务的范围应包括非居民持有的本币债券。

边主义，支持多边机构，支持发展中债务危机国的经济调整和恢复。中国领导人在 2022 年 11 月 G20 巴厘岛峰会期间明确表明我国反对“新冷战”，反对所谓“脱钩”，支持全球化。对于在国际融资治理体系改革中面临的一个体系、一套规则还是另起炉灶、另搞一套的选择，本节分析的结论是我国已经选择了前者，不仅是因为另起炉灶不是一个可行持久的选项，而且因为这是我国向高质量发展转型的内在需要以及我国作为最大新兴市场国家的国际责任。

5.4　国内改革与国际体系与时俱进

我国在国际主权债务处置中选择在“共同框架”下与其他债权国和多边金融机构协商、合作，支持提高债务透明度，支持债务国恢复偿付能力和可持续增长的调整与改革。要在这些国际财金议程中发挥大国担当，同时最大限度地、公平合理地保护我国海外债权和资产安全，关键在于直面国内的关切和国外质疑，推进国内改革。国内改革到位，尤其在以下几个方面，将增强我国推动国际融资治理体系与时俱进的底气。

5.4.1　厘清政商界限要求体制改革

21 世纪以来，我国对外投融资机构已日渐多元化，涵盖政府机构、中国进出口银行、商业银行（包括国家开发银行、股份制上市银行）、其他金融机构和各类大型企业等（见图 5.1）。如赞比亚对华债务涉及 18 家不同种类的中国金融机构和企业。[①] 在“共

① 见专栏 7.2。

同框架”下对赞比亚的债务公平合理的处置要求明确区分官方双边债权与非官方或商业性债权。不对其进行明确区分，将所有对华债务包括商业性债务都当成官方双边债务重组减免，不仅会扩大我国海外资产的损失，而且有违国内法治，对中国纳税人不公平，给中国企业开拓中低收入国家市场带来长期负面影响，也不利于债务国的经济恢复和发展。

我国政府近年来强调对外投融资机构加快构建亲清政商关系，加快推进规则标准等制度型开放，并不断重申这一坚定不移的改革方向。“亲”就是服务型政府，通过全面推行权力清单、责任清单、负面清单制度，营造市场化、法治化、国际化的营商环境；“清”就是厘清政商界限，增加透明度。党的二十大报告指出，要稳步扩大规则、规制、管理、标准等制度型开放，就是要与多边主义的国际规则接轨，积极参与国际金融合作与治理，积极推动国际规则的与时俱进，使之更包容、更面向未来、更反映发展中国家的利益。

明确区分不同性质的对外贷款，要求加快国内金融机构改革。一是要清晰界定商业性金融、政策性金融，以及开发性金融，将官方支持的融资与商业性融资业务分开。政策性金融就是官方支持，使用财政拨款或补贴的投融资。不使用财政补贴、契约基于商业法律的贷款，不论是否由国有控股金融机构发放，都应归为商业性金融。而本书对“开发性金融”的分析结论是以“国有发展银行”定义的开发性金融不同于多边发展银行。我国开发性金融三十年的国内实践以我国特有的国内治理和土地所有制度为条件。大多数低收入国家不具备这些条件，跨国境的开发性金融实质上也是国际竞争条件下的商业性金融（见第 6.2 节）。二是在体制机制改革上明确抓手，有序推进。我国目前的对外贷款性质不易区分与相关机构的治理管理、体制设置有关，更清晰的界定要求体制机制调整。三是这方面的改革要公开透明、内外知晓，以便改变长期形成的国内外认知惯性和过去企业自我定位、宣传营销造成的认知偏差。

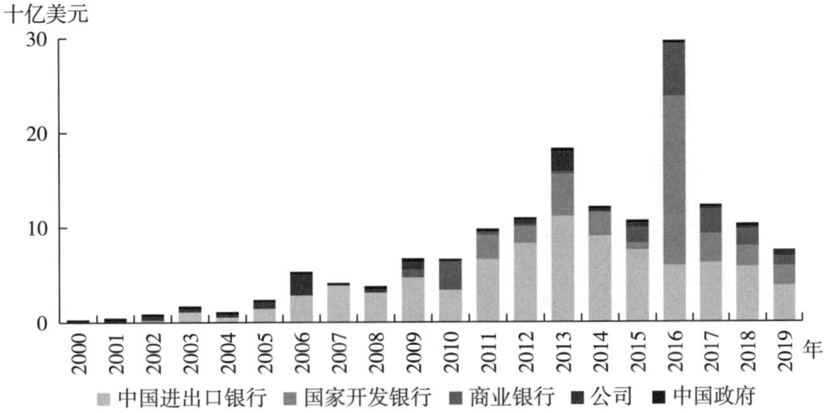

图5.1　中国对非贷款主体的演变，2000—2019年

（资料来源：SAIS-CARI 数据）

5.4.2　解决提高透明度的各种障碍

官方和非官方跨境融资的混淆是提高透明度的主要障碍，划清二者的界限可为直面国外质疑、大幅提高对外投融资透明度创造必要条件。国外质疑最大的是我国的有息贷款，其中大部分是非官方、商业性融资。一旦将官方支持的贷款和商业性融资界定清晰，非官方跨境融资就可参照国际市场通行规则披露，合法合规地保护相关项目、企业的商业机密和市场敏感信息。对于官方发展融资，包括赠款和无息、低息贷款的比例等信息，《中国的对外援助》白皮书提供了权威披露的先例和定期发布的平台。

透明度问题的症结之一是官方支持有息贷款的优惠度。对照 IMF 和世界银行关于优惠度 35% 的要求，以 5% 折现率计算赠与成分，我国“两优”贷款优惠度约为 28%，属于多边机构定义的“非优惠贷款”，公开披露或将招致西方更多的“搭便车”或“债务陷阱”指责，对我国主权贷款产生不利影响。总体而言，如不解决优惠度问题，无论是否披露主权贷款信息，均会面临较大外部压力。可通过对援外优惠贷款进行更大比例的贴息或更长贷款期限安排，使之达到 35% 的优惠度要求，纳入多边机构“优惠贷款”范畴，以减少贷款信息披露后带来的“搭便车”指责。

增加对外融资信息的透明度还要解决其他障碍。我国对外融资信息的披露与主要债权国相比有一定差距，部分原因是相关信息的收集滞后，还有部分原因是相关机构内部可能存在“所有人—代理人”的信息落差或信息不对称，一旦债权打折将涉及“国有资产流失”的经济和政治责任，牵涉相关机构和人员的问责。国内贷款机构的调整改革有助于改进信息的收集与综合，历史数据的公开可能受信息不完整、双边合约条款等约束，可考虑从新增信贷开始，增加按国际标准的信息披露。

5.4.3　可持续对外信贷的公司治理改革

在对外经济合作和海外市场开拓领域，我国相关机构和企业目前面对较高的债权损失风险也与这些机构、企业的公司治理有关。如第 5.2 节指出，我国对发展中国家的有息贷款很早就因国内公共财力有限而走了一条市场化的道路。有关机构和企业承担着较高的期望，但财政提供的资源一直比较有限，因此企业通过贷款支持了一些偿付能力与赠款支持更匹配的项目。此外，尽管经过不断的改革，公司治理的改革仍没有完全到位，存在对外信贷债务可持续约束不够的情况。这些问题都需要通过深化改革来解决。

从 20 世纪 90 年代初将政策性业务从商业银行剥离开始，国有商业银行 21 世纪初开始的上市改革进一步规范了这类金融企业的公司治理和信贷行为。其他金融机构治理的改革循序渐进：2007 年全国金融工作会议确定国家开发银行转型商业银行，2008 年注资改制成股份有限公司，2015 年深化改革，明确为开发性金融机构；2015 年中国进出口银行注资，强化资本充足率约束和治理结构；2018 年国家国际发展合作署成立，加强和理顺官方发展援助的财务和决策机制。但这方面的改革仍未完成。

近年来的中低收入国家债务危机警示我们，相关企业、机构的改革仍在路上。为了强化对外信贷的债务可持续约束，对自主决策、自担风险、自负盈亏的企业，要在公司治理、法律法规、金融监管等方面明确公共财政不“兜底”，真正由出资股东和管理层问责担责、承担风险和不良资产处置的后果。对担负国际经济合作等非商业性业务的机构，在给定业务预期的情况下，国家财政应在财力允许的情况下，增加与预期相匹配的拨款支持，为这些机构加强对外信贷的债务可持续约束创造更好的条件。

5.4.4 海外资产处置与国内金融稳定

海外资产处置影响相关金融机构、企业的资产负债表，有可能给国内金融稳定带来冲击。我国对外提供中长期信贷的主体是国有金融机构，包括政策性银行、商业银行等。实际上政策性银行提供的相当部分主权贷款是商业性信贷或项目贷款，这类机构都先后经过注资，可吸收企业存款，并发行大量高评级金融债券，由中国银保监会比照《巴塞尔协议》框架监管。根据国有属性将我国金融机构的对外信贷当作官方双边债权将极大地增加我国参与国际债务减免的财政代价，有可能引发不确定性，增加金融市场的震荡。

在“共同框架”下参与国际债务处置要求建立、理顺内外协调机制。对外与债务国、多边金融机构、其他债权国和债权人有效谈判沟通；对内协调相关机构企业的利益，提高决策效率，降低道德风险，推进国际债务处置进程。无论是从多边机构倡议来看，还是从我方需求出发，都需要在现有“一国一策、一事一议”的基础上，尽快设立明确的内部债务重组框架和相关标准，针对不同类型的国家、不同性质的债务问题选择不同重组方式，更好地指导主权债务重组工作有序进行。对内要摸清涉事债权（包括间接债权），债务国的主权对华债务不仅包括中长期贷款，还可能包括债券、我国企业参与由债务国政府提供主权回购保障或付费保障的 PPP 项目敞口。对国内不同债权方如何沟通协调、何时启动债务重组、如何确定重组方案，应建立明确指导方案。综合考虑各国经济特点、债务结构、融资缺口、偿付困难原因等因素，制定分类重组标准。对短期流动性紧张导致的暂时性偿付困难和偿付能力严重不足、债务明显不可持续的债务危机区别对待，既满足债务国走出债务危机的要求，也最大限度地保护我国境外资产和商业利益。

在大规模债务处置前，要对相关机构的资本金补充、风险补偿等未雨绸缪，尽量降低对国内金融稳定的影响。债务重组对涉事信贷机构资本金的冲击、对关联行业企业以及国内金融市场的影响不可低估。如赞比亚 2021 年底外债达 167.6 亿美元，超过 1/3 是中方金融机构和企业债务。又如斯里兰卡 2022 年底主权外债达 414.7 亿美元，我国债权人（包括官方出口信用机构和商业银行等）债务占比为 23%。赞比亚和斯里兰卡已于 2022 年 8 月和 2023 年 3 月分别获 IMF 贷款支持，开始经济调整改革。① 官方双边债权人及时处置这两个国家外债的压力显著增加。

对于海外债权，按照“谁投资谁承担风险、谁决策谁负责风险补偿”的原则，由金融机构和企业承担主体责任，相关决策部门充分考虑项目的金融可持续性，负责风险补偿。此外，应做好预案，事前采取必要措施，如补充资本金、建立相应风险补偿机制等，确保国内金融稳定和国外资产安全。

商业性金融机构也需要做好按国际规则应对国际债务重组的准备。国际债务处置需要商业债权人的参与，国内主要银行都是国际金融协会（IIF）的成员，要通过与其他国际商业债权人的协调保护我国商业机构和企业的利益。参与债务重组将冲击相关债权机构的资产负债表。考虑到这些机构的规模和系统重要性、其债券等有价证券在国内市场的地位，在境外贷款较多的商业银行应做好预案，妥善处理境外资产，降低对国内金融稳定的影响。

① 参见 IMF Country Report No. 2022/292, No. 2023/116, https://www.imf.org。

专栏5.1 “中国特色债务重组减免”

美国约翰斯·霍普金斯大学中非研究倡议的学者通过收集分析中国2000—2019年对非洲国家债务处置的数据和案例，总结出若干特点：一是从过去经验来看，中国的债务免除（Cancellation）仅适用于无息贷款，尚未涉及中国进出口银行的“两优”贷款。2000—2019年中国已经免除了至少34亿美元的对非无息贷款（见专图5.1）。

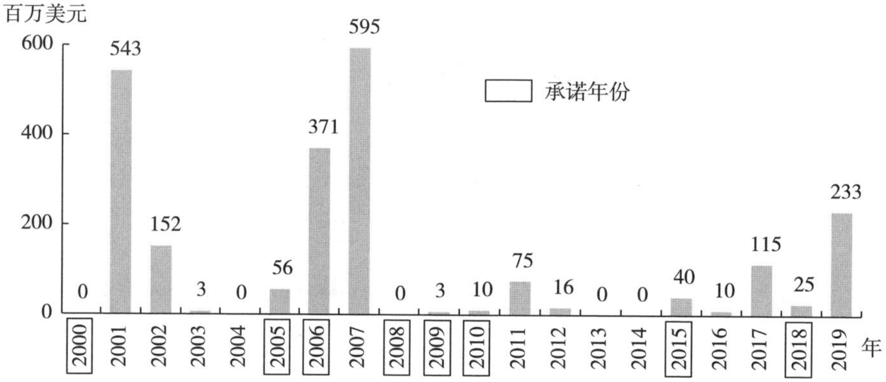

专图5.1 中国对非洲国家的债务免除，2000—2019年

（资料来源：SAIS-CARI数据）

二是对于“两优”和商业贷款，中方债权人一般通过双边谈判和个案处理，给予不同程度的展期，部分情况下会降低利率，但不降低本金账面价值。研究发现，中国在2000年至2019年对非洲约150亿美元的债务进行了重组（Restructuring）或再融资（Refinancing）（见专表5.1），主要涉及津巴布韦、喀麦隆、埃塞俄比亚、安哥拉、刚果共和国等国。

专表5.1 中国对非洲国家的债务重组类型，2000—2019年

处置方式	原合同还款期内调整偿付时间表	较短延展还款期（3~7 年）	较长延展还款期（10~20 年）	展期和降低利率	具体细节不详
涉及国家（处置年份）	莫桑比克（2017 年）；喀麦隆（2019 年）	喀麦隆（2002 年）；津巴布韦（2007 年，2010 年，2012 年）；尼日尔（2018 年）	埃塞俄比亚（2018 年）	津巴布韦（2003 年，2004 年）；塞舌尔（2011 年）；刚果共和国（2019 年）；吉布提（谈判）	贝宁（2004 年）；苏丹（2012 年）；乍得（2017 年）；刚果共和国（2018 年）

资料来源：SAIS-CARI 数据。

三是中国在全球范围内作出的大规模债务减免不是单独实施的，而是与其他多边减债计划同时进行。例如，在非洲，2000 年至 2019 年中国减免的债务，与 IMF 和世界银行发起的重债穷国减债倡议平行。虽然中国没有加入巴黎俱乐部，但当发展中债务国要求按照巴黎俱乐部条款进行债务重组时，中国往往也会应允。

四是与巴黎俱乐部减债力度不断增加一样，中国的减免幅度和贷款种类也在不断扩大，从最初的对无息贷款展期，到 2000 年之后免除无息贷款，再到对“两优”和商业贷款展期，到 2020 年积极参与 G20 缓债行动（见专表 5.2）。但与传统债权人不同，不论是减债还是提供新融资，中国从不对债务国提出国内改革要求。而发达国家和多边机构往往会对债务国附加各种国内经济、治理、结构性改革条件，强调控制甚至减少公共部门支出，减少财政和国际收支赤字，以恢复债务

可持续增长。

专表5.2　巴黎俱乐部与中国官方债务减免政策的演变

巴黎俱乐部的演变	中国的演变
• 1956—1988 年经典条款：非优惠的贷款重新安排，未减免债务净现值。 • 1988 年多伦多条款：允许债务净现值减免 33%。 • 1991 年伦敦条款：减免 50%。 • 1996 年那不勒斯条款：减免 67%，并开启重债穷国减债倡议；双边债务减免 80%。 • 1999 年加强重债穷国减债倡议，加大双边债务免除。	• 1975—2000 年：重新安排还款期，主要针对政府无息贷款。 • 2000—2019 年：开始经常性宣布核销对重债穷国（HIPCs）和低收入国家（LDCs）累积的无息贷款欠款。 • 2000—2019 年：对中国进出口银行和企业的一些贷款进行展期，偶尔会减免利息。 • 2020 年：参与发起并参加 G20 缓债倡议和债务处置的共同框架。

资料来源：作者整理（2020）。

专栏5.2　IMF—世界银行债务可持续框架与“一带一路”债务可持续分析框架比较

债务可持续框架（DSF）于 2002 年推出，2017 年最新修订，用于评估一国的债务可持续性，识别潜在风险来源。其分析结果用于制定债务限制政策和援助资金分配政策。该框架得到中国和其他发展中国家在 IMF 和世界银行执行董事会的投票支持。

1. DSF 的基本方法

DSF 的基本逻辑是：构建债务负担指标并确定相应阈值，在基准预测情形和风险冲击情形下，将债务负担指标与阈值进行比较，从而进行风险评级，最终得到特定国家的债务可持续分析（DSA）报告，其主要涉及四个分析步骤（见专图 5.2）。

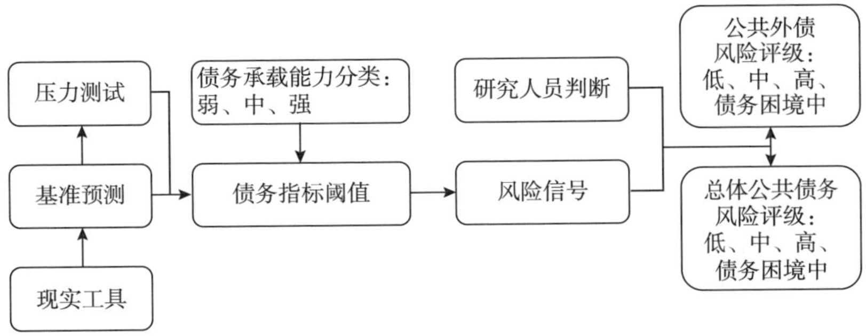

专图5.2　DSF的分析步骤

一是构建债务负担指标，根据债务承载能力确定阈值。DSF用公共外债现值（PV）占GDP和出口的比重反映外债负担，用公共外债还本付息占出口和财政收入的比重反映偿付压力，用总体公共债务现值占GDP的比重反映总体债务负担。在此基础上，DSF构建了综合指数对低收入国家的债务承载能力进行评分并划分为强、中、弱三类，分别对应不同债务指标阈值（见专表5.3）。

专表5.3　DSF债务指标阈值

债务承载能力分类	公共外债现值占比（%）		公共外债还本付息占比（%）		总体公共债务现值占比（%）
	GDP	出口	出口	财政收入	GDP
弱	30	140	10	14	35
中	40	180	15	18	55
强	55	240	21	23	70

二是进行基准预测。DSF选取国际收支、财政收支、债务、经济增长4大类36项宏观经济指标，汇编过去10年的历史数据，并进行为期20年的预测，称为基准预测。为确保

基准预测现实可靠，DSF 引入了若干“现实工具”，帮助评估人员判断基准预测是否过于乐观或悲观，并对其进一步审查修订。

三是进行压力测试，得出债务风险信号。压力测试指通过对 GDP 增长、财政收支、国际贸易等变量的取值进行暂时性调整，观测不同冲击对债务负担指标的影响。通过观测债务负担指标在基准预测和压力测试中是否超出阈值，可得出高、中、低三种债务风险信号（见专表 5.4）。

专表5.4　DSF公共外债风险信号和公共债务风险信号

风险信号	公共外债风险信号	总体公共债务风险信号
低风险	在基准预测和压力测试中，所有外债指标均未超出阈值。	外债风险信号为低风险，且公共债务指标在基准预测和压力测试中均未超出阈值。
中风险	基准预测中，所有外债指标均未超出阈值；压力测试中，有外债指标超出阈值。	外债风险信号为中风险；或外债风险信号为低风险，但公共债务指标在压力测试中超出阈值。
高风险	在基准预测中，有外债指标超出阈值。	在基准预测中，有外债指标或公共债务指标超出阈值。

四是结合研究人员判断和风险信号，得出债务风险评级。DSF 要求评估人员补充考虑一些现有框架未能涵盖的因素，结合自身判断和风险信号综合确定借款国的最终债务风险评级。最终评级可分为公共外债风险评级和总体公共债务风险评级，均包含“低、中、高、债务困境中”四种结果。当借款国正在进行债务重组谈判或已存在债务违约时，将被评为“债务困境中”。

2. DSF 结果应用

DSF 分析结果被多双边债权方及借款国广泛应用。一是制定债务限制政策。根据各国债务风险评级，IMF 制定了债务限制政策（DLP），世界银行制定了可持续发展融资政策（SDFP），旨在限制高债务风险国家借入非优惠贷款。二是分配信贷资源。世界银行根据债务风险评级分配贷款和赠款资源，体现债务风险越高、援助越优惠的分配思路。对于高风险或债务困境中的国家，仅提供赠款；对于中风险的国家，提供50%赠款和50%贷款；对于低风险的国家，仅提供贷款。三是作为决策参考。多双边债权方参考 DSA 研判相关国家风险，指导贷款决策；借款国参考 DSA 进行债务管理，平衡融资需求和偿债能力。

3. 与我国“一带一路”债务可持续性分析框架的比较

我国财政部 2019 年发布《“一带一路”债务可持续性分析框架》(以下简称《分析框架》)，在吸收借鉴 DSF 的基础上，根据“一带一路”国家的发展情况和我国发展理念作出一定调整，主要区别有三项。

一是贴现率的选择不同。DSF 在计算债务现值时不考虑国别差异，统一采用 5% 的贴现率；《分析框架》主张使用“合理确定的贴现率”计算债务现值，使综合考虑借贷双方的融资成本和通胀水平等因素来合理确定贴现率成为可能。

二是对债务—发展关系的表述不同。《分析框架》在现实工具中增加了“重大生产性投资虽在短期内提高负债率，但可带来更高的增长、收入和出口，从而降低未来负债率”等表述，强调了发展可持续与债务可持续之间的动态关系。

三是评估结果的应用不同。DSF 对债务可持续性评估是 IMF 和世界银行专业人员在债务国政府的配合下，按布雷顿森林机构执行董事会通过的标准和方法分析的结果，评估结果具有较强约束力；我国的《分析框架》则鼓励各方自愿使用，并强调评估结果应与借款国充分沟通。

4. 对国际债务处置的影响

多边机构优惠贷款降低债务国外债净现值（NPV），但推高其外债现值（PV）。若债务处置的目标是将债务国外债总现值相对于偿付能力的比率降至一定水平，在目前多边债权人不参加债务重组减免、非官方债权人“搭便车”风险很高的情况下，债务减免的负担很可能完全由债务份额小于其他类型债权人的官方双边债权国承担。

第六章

积极参与国际融资规则的改革升级

6.1　新兴经济体在国际规则改革中的利益

本书第 2.1.4 节指出，从金额和规模来看，新兴经济体提供的广义发展贷款远超过使用财政拨款的官方发展援助，并对相关的“OECD 共识”或“君子协定”形成挑战。如果国际融资规则的改革必须反映新兴经济体的利益，这些利益是什么，与“君子协定”的最主要分歧在哪里？新兴融资提供国能否在国际规则改革中形成统一战线？第 2.4 节的比较分析指出新兴市场国家都有支持本国商品和服务出口、增加国内就业、保障资源供给的需要。然而，这并不是新兴经济体发展利益与“君子协定”的最主要分歧。实际上，OECD 国家的官方出口信用及贷款机构也支持出口，支持国内就业和能源资源供给，支持国际发展合作项目，如日本国际合作银行（JBIC）等。

“OECD 共识”或“君子协定”是目前世界上唯一的一套国际中长期融资规则，并且与世界贸易组织的《补贴与反补贴措施协定》关联而成为现行国际贸易反补贴规则的一部分，这套规则将官方资金支持的市场与非官方资金支持的商业市场分开。但广义南南合作，或新兴融资提供国过去的长期实践并不明确区分这两个市场，这应该是新兴市场融资提供国与发达国家“共识”或“君子协定”最明显的分歧。此外，在同一规则下，发展阶段或发展水平不同的国家之间的竞争如何真正做到公平？

新兴融资提供国能否就上述两个国际融资规则改革中的问题（即区分官方资金和非官方资金支持的市场，以及发展阶段不同的国家之间竞争如何真正做到公平）形成统一战线？《补贴与反补贴措施协定》是世界贸易组织规则的基石，新兴融资提供国的利益与《补贴与反补贴措施协定》一致，过去和现在都没有从根本上反对这一规则体系的意愿。实际上，将官方资金支持的市场和非官方资金支持的商业市场分开有其合理的内在逻辑，即国际商业市场公平竞争的基础是生产要素的比较优势和科技创新，而不是显性或隐性的官方支持或补贴。更重要的是，商业市场契约和官方资金支持的协定所受的约束不同，违约的后果、影响和处置也不一样。国际商业合同必须考虑风险，包括违约的风险，合同定价由市场决定，契约各方受相关商业法律和司法程序的制约和保护，包括违约时债务和资产处置、必要时债务方的破产清算。商业市场相关法律旨在推动资不抵债机构有序市场化退出，通过股权清零、大额债权打折承担损失，推动生产要素的重新有效配置。如本书第 1.5 节指出，主权债务以政府对本国居民和企业征收税费的能力为还款来源，债务国无力或无意偿付时也无法进行破产清算。官方资金市场偿付危机的解决包括债务重组要求明确区分官方和非官方债务和债权。

国际市场公平竞争有利于中低收入国家的经济发展。过去四十年新兴市场国家就是在这套规则下融入世界经济，创造发展奇迹。不公平竞争或补贴战不符合新兴市场的发展利益。从这个意义上来说，新兴市场国家的共同利益并不是要求更多的补贴，也不是要增加对显性或隐性补贴的容忍度，而是区分商业和官方资金支持的市场，在官方资金市场规则重构中捍卫自身的利益。

面对区分还是混合官方资金与非官方资金支持的市场这一选择时，多数国家因此会选择划清两个市场的界限。也就是说，在这个问题上很难形成与发达国家针锋相对的统一战线。

新兴融资提供国在同一规则是否适用于发展阶段不同的国家方面则有共同利益，有可能在规则改革中达成共识。考虑到新兴经济体以美元等可兑换货币提供对外非优惠贷款的报价因融资成本较高，实际已高于“君子协定”的最低利率要求（见第 2.4 节），新兴融资提供国有可能更多地争取规则应用中“共同但有差别的责任”，实际就是一定程度的豁免或过渡期、对混合（如商业性贷款与约束性援助混合）贷款的特别处理、落实规则方面更大的灵活性，甚至某些行业更大的官方支持比例或更长的还款期。

新兴经济体在争取“共同但有差别的责任”方面受本国财政资源的约束，也受国内科技和高端制造业发展的约束。财政资源有限就很难长期提供大量的补贴。新兴融资提供国基本没有参加“君子协定”下的行业谅解在一定程度上是因为这些国家国内行业还没有发展到与发达国家在国际市场中竞争的阶段。即使是制造业大国中国，民用飞机的制造和出口与美欧也有较大差距。在海外基础设施建设工程中美欧企业并不与中国等新兴市场国家直接竞争。但一旦成为世界最大的设备制造和出口国之一，新兴市场国家也较难争取规则应用的差别待遇。

除了对外中长期信贷的规模最大，我国运用官方支持资金的做法上也与其他新兴融资提供国不同。第 2.4 节总结出三个主要的方面，都与我国经济体制转型的独特国情有关：第一，较多的贷款机构，从外部很难区分官方和非官方机构及业务；第二，贷款的国别集中度或在某些借款国对外债务构成中占比较高，这与第一个特点有关；第三是透明度或信息披露在某种程度上低于其他新兴市场国家。

6.2 开发性金融与国际规则

开发性金融的概念较为宽泛，已在国内实践多年，并在一定程度上走出国门，通常不以支持资本性货物服务出口为主要目的。开发性金融是否反映新兴市场国家的共同利益？能否成为国际融资规则改革必须考虑的重要内容？开发性金融境外使用的后果也是后疫情时代中低收入国家主权债务重组中债权国不得不面对的问题。厘清开发性金融的实质、发挥积极作用的条件、运用的界限或利弊在当下既有需要，也有迫切性。

从形式上来说，开发性金融的提供主体一般指世界上较普遍存在的国有发展银行，而不是多边发展银行。国际上对这类金融机构的定义是为实现一国发展目标而提供长期补贴贷款或担保的机构。开发性金融支持者强调市场失灵，包括信息不对称、信贷配给、社会环境问题、协调问题等使长期可盈利及正外部性（Positive externality）项目得不到商业市场融资，需要补贴贷款，尤其是在资本稀缺的穷国。该类金融的目标包括发展特定行业、社会目标（如就业）、政治目标（如区域平衡）等。反对的观点强调开发性金融机构容易支持政府或政治关联项目，挤出私营或商业投融资。2017 年世界银行资助的一项对包括智利、加拿大、德国、韩国、巴西、中国截至 2014 年数据的跨国实证研究，比较了这些国家开发性金融机构的影响、营业重点、资本结构以及财务指标。在肯定这些机构影响的同时，也提出了四项“关切”：

（1）挤出私营信用融资中介；（2）政治干预导致资源错配或配置不当；（3）相关的财政成本；（4）不能与时俱进的官僚化惯性。[①]

国内外对开发性金融的意见还受世界经济周期性的影响。发达国家经历数次官方双边债务减免后，就有研究建议将发展银行贷款改为赠款，从根本上改变发展资金主要流向偿付风险较低的中等收入国家，而不是最缺乏资金的低收入国家的状况，以及重复出现的发展中国家债务危机。[②] 2008 年国际金融危机前我国也曾考虑通过注入资本金、修改章程、公司化治理等将开发性金融机构转制成商业银行。但国际金融危机爆发后，商业性金融体系"惜贷"，开发性金融逆周期信贷投放的作用又得到重视。联合国贸易和发展会议则支持发挥国有发展银行在低收入国家经济结构转型的作用，新冠疫情暴发后联合国贸易和发展会议研究人员更加强调国有发展银行在疫情后推动经济恢复的功能。[③]

国内对开发性金融的研究较多，比较典型的观点是"服务国家战略、依托信用支持、不靠政府补贴、市场化运作、自主经营、注重长期投资、保本微利、财务上有可持续性的金融模式，介于减让式和商业性资金之间，但更偏商业性一些"。减让式资金支持就是在利率等融资条件方面相较于商业资金的减让，包括优惠贷款，不可避免地需要财政补贴和政府支持。[④] "保本微利"并非开发性金融的独有特征，商业性金融并无高利微利之分。与国外的国有发展银行比，国内定义的开发性金融专注长期投资，

① Musacchio, A., et. al. (2017).

② Bulow, J. and K. Rogoff (2005)。这两位作者认为以对中等收入国家贷款的盈利补贴低收入国家贷款亏损的观点低估了发展银行贷款组合的风险。

③ UNCTAD (2016)，Griffith-Jones, S. (2022).

④ 周小川（2017）。

不靠政府补贴，但能够在商业金融竞争的最低成本以下长期运营。国内的开发性金融是如何在一定时期内做到这一点的？

据国内开发性金融实践的主要领导者，“国家和政府组织增信是开发性金融的一个重要原理和方法”，就是“把开行的融资优势和政府组织协调优势相结合”“使国家信用、开行信用、地方政府信用转化为企业信用”，通过“银政携手”，如“开行和地方政府共同搭建融资平台”“以整合体制资源获得盈利”。[①] 这种开发性金融要求相关银行具有“整合体制资源获得盈利”的机会、能力和渠道，实际上受益于一般商业金融没有的官方（隐性）支持。

按 IMF《财政透明度手册》第 70 段的定义，具有显性或隐性官方支持的融资属于“准财政”行为（Quasi-fiscal activities），准财政行为由政府为特定目标（如产业发展、收入再分配、增加财政收入等）通过行政决定引入，不在财政预算明列，不受立法和公众质询，可由国有金融和非金融企业进行。《财政透明度手册》第 71 段指出，如果准财政行为规模足够大，财政赤字就不再是公共财政状况的可靠指标，官方的收入和支出统计也不再准确反映政府及公共部门的规模，准财政行为还有可能产生隐性或有公共债务（Implicit contingent liabilities）。[②] 这种债务是否从潜在变成实在，从隐性成为显性，取决于开发性金融运作的外部条件。

从我国开发性金融近 30 年的实践来看，在商业金融不愿或不敢进入的领域取得长期财务回报是需要条件的，联合国贸易和发

① 陈元（2012），第二章，第 42-48 页。

② 见 Manual on Fiscal Transparency, www.imf.org, 以及 Mackenize, G. and P. Stella (1996)。

展会议研究人员对我国国家开发银行等案例的研究认为国家战略明确、国有发展银行规模足够大是关键。[①] 本书的研究更强调体制机制的重要性：首先，有效的中央—地方治理体系提供了激励机制，各地竞相投资基础设施等长期项目以吸引生产性投资、提高经济增长。其次，中央财政转移支付甚至必要时债务置换（当然也伴随道德风险）的能力使地方有可能承担原本短期内无法承担的中长期债务，提高当地纳税人承担未来债务偿付责任的意愿。最后，我国城镇土地国有，土地使用权出让的收入在一定时期增加了地方财政偿付能力。以上三个方面的条件使开发性金融在一定时期内实现了地方财政担保—长期项目投融资—地方经济增长—偿付能力提高—扩大投融资的良性循环。

大多数中低收入借款国并不具备以上治理及体制条件，国内纳税人口承担公共外债偿付责任的政治意愿也受经济和政治波动的影响。同时，在国际市场竞争的环境下，由于不具有多边金融机构的优先债权人（Preferred creditor）地位（见下文），国内开发性金融机构提供的境外（非优惠）贷款与国内贷款的做法也明显不同：在开展国际合作业务的做法方面，就没有“银政携手”“整合体制资源获得盈利”。与项目东道国政府的合作主要是“规划先行”，“与合作国政府和有关部门长期规划合作”；但在贷款业务上则强调“因地制宜开展市场化运作”“按照市场原则设计金融产品，完善信用结构，落实贷款条件……实施审慎的风险拨备制度，确保覆盖不同经济周期可能产生的风险”。[②] 这其实就是对具有财务可行性（Bankable）的项目提供的商业性融资，对

① UNCTAD (2016)。
② 陈元（2012），第九章，第 259-264 页。

此国内外存在较严重的认知误差。[①] 明确这一事实在后疫情时代发展中国家主权债务重组中非常重要。

即使在国内，随着发展阶段的变化，开发性金融也需与时俱进。“土地财政”拐点的到来、或有债务的积累、地方融资平台包括各地“城市投资公司”债务偿付困难的显现、财政透明度和问责要求的提高、信贷资产质量的变化，以及银行监管的加强都要求相关机构更清晰地划分商业性业务和官方支持的“政策性”业务。

本节定义讨论的开发性金融与世界银行等多边发展银行有着重大区别。首先，多边发展银行的股东、管理层和工作人员来自世界各国，股东出资与成员国财政的关系、项目的审查和批准所受到监督问责环境和显性规则约束非一国国有发展银行能比，减轻挤出民间金融中介、“政治俘获”、资源低效配置等关切的能力更强。其次，多边发展银行优惠和非优惠信贷机构、账户分开，补贴资金的来源和使用高度透明。最后，与官方双边及商业性债权相比，多边金融机构债权享有优先还款地位，这是多边金融机构在国际危机救助中的角色决定的。没有这一优先权，以及股东的“需要即缴资本金”（Callable capital），世界银行等多边机构的财务指标会很不一样。由于这些原因，新兴市场国家发起的多边发展银行如亚洲基础设施投资银行、新发展银行也与本节描述的开发性金融有着重大区别。

我国开发性金融的实践有重要的经验，但在特定国情、特定

① 国内认为只有增加投资，做到发展可持续才能最终达到债务可持续的观点也承认在官方双边、多边债权人对重债穷国减免债务后，应鼓励商业性和半商业性资金进入这些国家“财务可行的项目”（李若谷，2007），而财务可行项目在境外其实就是商业性项目。

时期的做法需要条件，在条件不具备的欠发达国家很难复制，因此有一定局限性。由于后疫情时代中低收入国家债务危机处置的现实，本节定义的开发性金融及其特点很难成为新兴融资提供国的共识，很难成为国际融资规则改革必须考虑的重要内容。但相关机构境外支持项目的类型和方式，如不直接与资本性货物出口挂钩，也在一定程度上反映了国际竞争的变化。在分清官方和非官方支持业务的基础上，通过谈判扩大国际融资规则的有效约束范围，对现有规则体系通过改革渡过“中年危机”有重要的启发意义。

6.3 改革的目标和方向

在跨境投融资领域，商业性金融建立在相关经济商业法律契约的基础之上，受这些法律及司法程序的约束。对官方和官方支持的跨境中长期融资，“君子协定”是目前世界上唯一的一套国际规则，并且与世界贸易组织的《补贴与反补贴措施协定》关联而成为现行国际贸易反补贴规则的一部分。这套规则在维护国际公平竞争方面曾发挥积极作用，也成为新兴融资提供国的重要参考准则。如第 5.3 节讨论，我国和新兴市场国家的长远利益决定了我们不推翻这套规则，不另起炉灶，而是推动现有规则体系的更新和改革。

对于“君子协定”的或现行规则的局限性，中国出口信用保险公司做过比较全面的研究。[①] 发达国家在全球出口市场份额的下降、新兴市场国家份额的上升，大大降低了“君子协定”的约

① 中国出口信用保险公司（2021），第 1 章、第 2 章。

束范围。随着全球价值链的形成和变化，出口商在项目当地生产、采购、雇佣劳工的必要性增加，使“本国出口”不再完全代表“本国利益”。各国官方出口信用机构为支持本国利益，存在超越“君子协定”框架的需要和动力，降低了现有规则的约束力。世界经济的兴衰，加上部分国家国内结构性调整的压力，促使官方出口信用机构超出传统支持出口的功能，发挥逆周期调节作用。国际金融危机后银行监管的加强、《巴塞尔协议Ⅲ》的实施，也改变了官方出口信用机构与商业银行的关系，“君子协定”必须通过调整适应新的竞争环境。

官方支持融资国际规则改革不变的宗旨是维护这一领域全球范围内的公平竞争，营造国际融资市场可持续发展的生态，杜绝补贴战，不对私营部门融资产生挤出效应。这一目标在 21 世纪的新内涵包括支持联合国可持续发展目标。为了实现这些目标，相关规则的升级改造必须应对第 2.5 节提到的三方面挑战。即必须要有新兴市场国家的参与，扩大相关规则对新兴市场国家的兼容性；必须适应现代国际竞争的变化，增加国际规则的覆盖范围和约束力；需要在新跨境融资领域与时俱进，在技术和服务贸易领域维护公平竞争。总之，国际融资规则升级改造的目的是规范 21 世纪全球官方和官方支持跨境融资活动，巩固和完善与 WTO 反补贴国际公约相连的国际公平竞争规则体系。

国际官方融资规则改革的方向是更具兼容性、前瞻性和透明度。兼容不是降低标准，“君子协定”近年来逐渐发展起来的反腐败、反贿赂、环境和社会风险管理都很重要。兼容性是更符合世界多元竞争的现实，是简化流程，提高灵活性，是打造数字时代的智慧规则，使之更便于执行。前瞻性是着眼于国际社会的共同关切，如支持中小企业、气候变化融资、脱碳和低碳经济、能源转型等。国际融资规则改革是国际治理体系重构的重要部分，也有利于防止发展中国家债务危机的重复出现，为这些国家恢复债务可持续和增长可持续创造条件。透明度是官方融资国际规则的执行机制，提高国际规则的有效性和约束力要求在简化、放松过时规则的同时强化透明度。事实上，提高透明度是增加国际融资规则参加国和扩大规则覆盖范围的必要条件。

6.4　为国际融资规则改革创造条件

官方支持中长期融资国际规则的改革重构需要发达国家和新兴市场融资提供国谈判协商，这也是中美两国领导人 2012 年联合发起国际出口信贷工作组（IWG）平台下集体谈判的初衷（见第 2.3 节）。IWG 谈判目前陷入停顿状态，停顿的原因、分歧的焦点已经通过 18 个参与经济体（包括欧盟，IWG 谈判发起时代表 27 国）中的 11 个副部长级官员 2020 年 11 月的联合声明而公开。其中最重要的分歧之一是跨境融资的透明度，或国际中长期信贷统计数据的收集和披露程度。统计数据的收集整理能力本质上是个发展问题。应该承认，新兴市场国家在涉外经济金融统计的质量和透明度方面与发达国家仍存在一定差距。

现有的国际官方融资规则是不具强制约束力的“君子协定”或国际共识，不是具有国际法约束力的国际公约，部分是因为涉大量技术性细节，而这些细节又随相关行业、产业发展而变化，需要不断更新修改。“共识”的落实靠互相监督，高透明度是“君子协定”有效性的保证，是规则的执行机制（Enforcement mechanism），也是改革重构后新国际规则的执行机制。IWG 谈判各方对提高对外投融资数据透明度的原则和目标其实没有根本性的分歧，但提高涉外经济金融数据透明度需要考虑新兴市场国家体制发展和数据统计能力的现实。

除了推动国际规则谈判重启，提高涉外经济金融数据透明度从根本上来说是为了新兴市场国家自身的利益。提高透明度有助于降低风险，有助于金融稳定。越是开放的市场经济，越要求经济金融数据高度透明。信息数据的高透明度激励市场参与者更负责任的行为，减少对极端信息的关注，有利于降低市场波动性。经济政策制定和执行，危机防范应对都需要及时、准确、可靠的信息数据。开放程度越高，国际经济活动越多，跨境金融流量越大，数据的国际可比性、可靠性对政策制定者和市场参与者就更重要。因此，新兴市场国家包括中国比以往任何时候都更需要提高跨境金融数据的透明度。当然，提高透明度应以维护信息安全为前提。

6.5 近十年我国涉外金融透明度的提高

透明度的提高与发展阶段、开放程度有关，考虑到我国的国情，也与经济体制的转型有关。20 世纪末我国 GDP 排世界第七位，但人均收入低，1997 年才摘掉“低收入国家”的帽子，进入中等收入国家行列。国内经济活动统计数据收集、整理的标准和能力都不高。20 世纪我国在世界经济的参与度有限，国际社会对我国相关统计数据透明度的要求也不高。2001 年我国加入 WTO 后，深度融入世界经济，助推了国内工业化城镇化进程，以及金融等市场体系发展。新冠疫情暴发前，我国已进入小康社会，实现了从低收入向中等偏上收入国家的历史性跨越，改进统计数量质量的能力也大大增强。

我国对外投融资的发展也引起了国际官方、民间、商界、学术界对相关数据透明度的关注。数据披露的不足引起国外根据二手、三手资料进行的估算、猜测。其中较有影响的是美国彼得森国际经济研究所研究人员及其合作者收集100份中国金融机构对发展中国家贷款合同文本，并据此对中国海外贷款特征进行的推测；以及欧美学者“估算”我国官方公布贷款数据与世界银行债务国报告系统（DRS）数据的差异，并推测这一差异在2010年后扩大。[①] 外界对我国涉外数据透明度欠缺问题有“隐藏债务”的曲解，也有“债务陷阱”的指责（见第4.4节、专栏4.2）。当然这也吸引学者基于可得数据开展实证研究，其中许多研究得出我国企业投融资助力东道国经济发展的正面结论（见第4.2节）。

提高透明度本质上是一个在发展过程中产生，需通过进一步发展来解决的问题。我国经济的崛起增加了人们对中国企业境外活动规模、构成、趋势以及机会和风险深入了解的需求，对相关数据透明度的关注不足为奇。应对偏见谬误的最好办法是公开透明。实际上，我国经济金融数据透明度在过去十来年已随着我国统计信息收集整理能力的增加而明显提高。在此期间，我国积极参与国际标准的制定，数据公布程度和多边组织倡导的标准差距在大幅下降，但进展在不同领域并不均衡，一些领域有待提高。

2008年国际金融危机爆发后，国际社会进一步认识到提高经济金融数据透明度对防范和化解危机的重要性。2009年11月，IMF和金融稳定委员会（FSB）向G20财长和央行行长会议提交《金

① 分别见 Gelpern, A., et al. (2022) 和 Horn, S., et al. (2021)。

融危机与信息缺口报告》，指出信息和数据的缺失是金融危机暴露出的问题之一，并提出了“数据缺口倡议”（Data Gap Initiative, DGI），共包含 20 条建议。这些建议随后获 G20 财长和央行行长会议通过。DGI 主要是为了弥补金融领域的数据缺口，包括银行业、证券业、国际投资头寸、公共部门债务等多方面数据，对新兴市场国家很有针对性。

我国是 G20、IMF、FSB 的主要成员，不仅积极参与了 DGI 透明度准则的制定，还认真落实 GDI 的各项建议。据国际组织的评估，我国除国际银行业统计、政府财政统计、金融稳健指标外，全部达到 DGI 第一阶段（DGI-Ⅰ）工作要求。2016 年，我国作为 G20 主席国积极参加了 DGI 第二阶段（DGI-Ⅱ）提高透明度标准的磋商和行动方案的制订，将 DGI 第二阶段第一次进展报告列入杭州峰会成果文件。通过落实 GDI-Ⅰ和 GDI-Ⅱ，我国债券、国际收支头寸、公共部门债务、房地产价格等方面统计制度进一步完善，金融稳定指标的制定和发布频率取得显著进展，金融数据透明度大幅提高（见表 6.1）。

表6.1　中国经济统计数据与国际接轨的主要里程碑，2009—2022年

数据倡议或标准		主要内容	主要里程碑						
			2009 年	2014 年	2015 年	2016 年	2020 年	2021 年	2022 年
G20	DGI-Ⅰ	金融数据	制定	落实					
	DGI-Ⅱ	金融数据			制定、落实				
	“共同框架”	债务数据					参与发起 1/		

续表

数据倡议或标准		主要内容	主要里程碑						
			2009 年	2014 年	2015 年	2016 年	2020 年	2021 年	2022 年
WB	DRS/IDS	债务数据	[2]/				提供双边贷款数据 [3]/		
IMF	GDDS	宏观数据	2002 年加入						
IMF	SDDS	宏观数据		加入					
	CPIS	证券投资			加入				
	COFER	外汇储备货币构成			加入				
BIS	IBS	银行资负表			报数据	正式加入			
备忘项目：									
赞比亚主权债务重组									共同主持 [4]/

资料来源：各国际组织网站，朱隽（2018），以及作者整理。

1.“共同框架”要求主要官方双边债权人协调其他官方双边债权人，就债务处置的主要参数形成共识（包括债权数据共享）。

2. 中国在 20 世纪 80 年代初即参加 DRS，报送加总数据表。

3. 据袁然等（2022），中国从 2020 年起向世界银行 IDS 数据库报告对外双边贷款数据。

4. 2022 年 6 月中国与法国主持“共同框架”下第一次赞比亚债权人委员会会议。

除了积极落实 DGI，我国还结合本国国情，有序向 IMF、世界银行、国际清算银行等多边机构倡导的数据规范和透明度准则看齐。在国际金融组织中，IMF 牵头制定宏观经济统计数据的公布标准。考虑到各成员国发展阶段不同，数据统计的能力有差异，IMF将标准分两个层次。我国在2002年已加入“数据公布通用系统”（GDDS）。2014年国家主席宣布加入要求更高的“数据公布特殊标准”（SDDS）。SDDS涉及实体经济、财政、金融、对外和社会人口五个方面的统计指标，接受SDDS的国家承诺按具体的覆盖范围、频率和时效性要求来公布规定类别的数据，也有义务向公众和市场参与者提供便利平等的数据获得渠道。如表6.1所示，我国2015—2016年还加入了“协同证券投资调查”（CPIS）、“官方外汇储备货币构成”（COFER）调查，以及“国际银行业统计”（IBS）。加入COFER调查为2016年人民币进入特别提款权（SDR）货币篮子做了必要的统计信息准备。

我国1979年开始使用世界银行贷款，并向其债务国报告系统（DRS）报告外债加总数据。据袁然等（2022），中国在2020年开始向世界银行IDS数据库报告对外双边贷款，目前已经覆盖2011—2019年共计90多个国家。此外，中国是“共同框架”的发起国，而该框架包含官方双边债权国在债务处置中加强协调达成共识的内容。2022年6月，在中国和法国的共同主持下，赞比亚的官方双边债权人委员会举行了第一次会议。这些事件表明，尽管我国对外债务数据披露的历史较长，债务规模、期限、分布数据较清晰，但由于历史及其他原因，我国对外债权的披露通常仅由相关机构在发布年度资产负债表时提供总量数据。但近年来我国对外债权的透明度也在提高。

我国有关部门在提高涉外经济金融透明度方面已做了大量工作，取得了有目共睹的成绩，为这一领域进一步提高透明度打下了很好的基础。推动我国对外投融资透明度进一步提高首先是为了我国自身的利益，即降低相关领域的金融风险。作为最主要的新兴市场投融资提供国，在对外投融资信息披露方面逐步与国际标准接轨也是推动后疫情时代国际规则重构的关键。我们要实事求是地分析现状、难点和约束，加大改革力度，大幅提高对外投融资尤其是债权的透明度，为 21 世纪全球国际融资规则的改革和实施创造必要条件。

第七章
国际主权债务处置架构的改革

7.1　债务重组减免的国际安排

自新冠疫情暴发以来，国际社会迅速推出 DSSI，也逐渐认识到解决新一轮中低收入国家债务不可持续问题必须改革现有国际主权债务处置架构。联合国秘书长古特雷斯就多次公开呼呼以“三步走”战略处理中低收入重债国债务问题，即暂缓偿债、有针对性的债务减免、改革国际债务架构。[①]

7.1.1　后疫情时代国际债务处置的挑战

DSSI 和“共同框架”的执行情况与国际社会提出的公平、实质、及时的债务处置要求仍有很大差距。尽管国际社会强烈呼吁，代表国际商业银行、保险公司、资产管理公司的行业组织国际金融协会（IIF）也表态支持，但实际参加 DSSI 的非官方债权人极少。2021 年 G20 发起“共同框架”不久，就有三个债务国申请在该框架下重组减免债务，而一年后，联合国多机构合写的《2022 年可持续发展融资报告》提出“至今没有一个危机国的债务得到处置”。“共同框架”主要针对人均收入较低的国家，中等收入的斯里兰卡 2022 年 4 月外债违约。符合 DSSI 资格但没有参加该倡议的加纳 2022 年 12 月宣布停止对大部分非多边主权债务

① Liquidity and Debt Solutions to Invest in the SDGs: The Time to Act is Now. March 2021, www.un.org.

的偿付。苏里南的债务重组也被布雷顿森林机构提上议事日程。

后疫情时代国际债务处置存在若干明显的缺陷。首先，虽然已有“共同框架”，各主要国家对主要原则也没有重大分歧，但具体落实缺乏明确的步骤和时间表，拖延的时间较长。其次，在处置债务危机的过程中，各涉事方最终达成债务重组协议前，债务国没有“过渡期（或临时）债务减免”（Interim relief），债务国经济尽早恢复经济需要暂停债务偿付。现有国际机制也未能“及时”出手，制止高债务风险国家滑向公开违约。再次，解决私人债权人参与国际债务处置的难题需要更强的激励及其他措施。最后，目前“共同框架”仅适用于部分中低收入国家，中等收入国家发生债务危机也需要国际债务处置，对“共同框架”的适用范围提出了挑战。

上述缺陷的存在，主要源于国际主权债务角色的变换，特别是债权人结构的重大变化（见第 3.1 节、第 3.4 节）。这导致曾经在国际主权债务处置中牵头的“IMF+ 巴黎俱乐部 + 伦敦俱乐部”组合失效。经过 20 世纪后期拉美、东欧等债务危机，以及 21 世纪初重债穷国减债倡议下的减免后，发达国家官方双边机构在低收入国家的外债余额所剩无几，巴黎俱乐部的协调能力大幅下降。拉美债务危机和亚洲金融危机后，发达国家商业银行大幅减少对发展中国家贷款，伦敦俱乐部也失去了存在的基础。目前，在中低收入国家主权外债中，新兴市场国家成为主要官方双边债权国，国际债券的份额大幅上升，其他非官方债务包括新兴市场国家商业银行贷款的份额也明显增加。

债权人构成的变化带来至少三个方面的问题。首先是官方债权人的协调，即官方双边债权人之间、官方双边债权人与多边债权人的协调问题。发达债权国组成的巴黎俱乐部曾经在组织官方双边债务集体谈判、为债务国提供融资保证方面牵头。后疫情时代这方面的责任不可避免地转至新兴债权国尤其是最大官方双边债权国。但新兴债权国缺乏经验，债务处置的传统理念和做法也与“共同框架”不同，没有协调多方集体谈判的机制。

其次是多边债权占中低收入国家主权外债的1/3（按债权面值，不考虑贷款优惠度，不按还本付息的折现值计算），仅次于非官方或商业债权的43%，远高于官方双边债权的份额。国内有观点认为多边机构也应参加后疫情时代的债务减免，仅靠官方双边债务减免很难使危机国债务降至可持续水平，也不够公平。这个问题不澄清，将影响部分新兴债权国参与国际债务处置的积极性（详见第7.3节）。

最后，非官方或商业债权人的参与是“老大难”问题。官方和非官方债务的处置，所受法律约束、经济与金融后果、债务处置成本的承担主体都有根本性区别。前者是政府间行为，后者是在法律框架下的市场行为。除非国际社会就超主权的债务处置法律框架达成协议，很难在现有市场法治基础的情况下强制非官方债权人参与国际债务处置。非官方债权人从大型商业银行转向众多分散不固定的债券持有人，以及违约诉讼、秃鹫基金（Vulture fund）的存在放大了集体行动困境和道德风险。

7.1.2 加强官方债权人的协调

解决上述第一个问题的方向是改进“共同框架”。中国与法国共同主持赞比亚债权人委员会，促成官方双边债权国为IMF贷款支持的赞比亚经济调整改革方案提供融资保证，以及中国在“共同框架”下支持乍得和埃塞俄比亚的债务处置都表明新兴债权国能够承担“共同框架”下的责任，发挥牵头、协调的作用。新兴债权国发挥更大作用的同时，多边机构和发达国家应该积极配合解决债权人之间的协调问题，顾及新兴债权国的合理关切、国内金融稳定、与国内改革的协同，以及解决国内贷款机构之间的协调困难。

加强官方多边债权人中负有国际危机救助责任的布雷顿森林机构与最大官方双边债权国的沟通协调，建立相互信任，不仅可以提高“共同框架”下债务处置的效率，而且有助于解决第 5.1 节列出的新兴债权国顾虑，特别是保证债务国将减免资金用于民生、脱贫、经济调整和发展，以及防止不参加债务重组的私人债权人“搭便车”，获得足额偿付。另外，提高债务重组方式的灵活性对提高“共同框架”效率也很重要。除了通过传统手段组合降低过高债务负担的净现值外，还可考虑债务与股权、债务与环境、债务与气候变化投资、债务与公共卫生支出置换，给债权国更大的空间选择债务处置的实施方式，向债务国提供走出危机的支持。

关于扩大“共同框架”的适用范围，国际社会已有较多讨论。美国财政部长耶伦曾公开表示，除中低收入国家外，大量中等收入国家、小岛国家、小型经济体的债务风险也在上升，美国支持将“共同框架”扩大到这些国家。斯里兰卡将不是唯一需要债务处置的中等收入国家。但“共同框架”的债务处置对象扩大至中等收入国家涉及多方利益，尤其是在这些国家有大量贷款和资产的国家，应该权衡利弊，慎重协商，逐案处理。

7.1.3 提高非官方债权人的参与

发展中国家商业债权人的来源已不同于 20 世纪的情况。如果涉事债务国的国际商业银行债权人较多，且来自不同国家，包括新兴市场国家，就会有集体行动问题，需要集体谈判。伦敦俱乐部的形式和经验有借鉴意义。这种以新兴市场国家商业银行为主组成“顾问委员会”的集体谈判目前很少提及，但今后若有需要，也是可以考虑的选项。其他非商业银行私人债权人，如供应商信贷也需要解决少数人反对重组、无限期拖延债务重组的问题。对非债券私人债权的集体行动问题，IMF 的建议是走合约改革的路径，在这类债务合同中增加类似集体行动条款（见专栏 7.1）。

对于最棘手的债券持有人参与难题，国际社会的解决办法历经演变，IMF 在亚洲金融危机后曾考虑发起“主权债务重组机制”（SDRM），参照主权国家国内公司破产法，建立主权债券重组的国际法律框架，对债务国所有债券系列统一处置、集合投票，为债务国提供过渡期债务减免或临时缓债，授权 IMF 或设立一个独立、集中的机制，在争端解决中发挥更大的超市场作用，加快债券类债务的重组，帮助债务国早日走出危机（见第 3.3 节）。由于国际债务重组的集合投票需要修改 IMF 协定，当时主要国际商业银行管辖国美国等国家担心对本国主权的影响而反对，SDRM 最终夭折。

目前国际社会的对策是以基于集体行动条款（CACs）的“合约改革”应对。集体行动条款是主权债券重组中的多数重组决策机制，用于约束抵制重组的少数债权人。集体行动条款允许达到特定多数（一般为未偿还本金额的 75%）的债券持有人修改该债券的财务条款，如减少或取消债务应付的本金及利息或修改支付日期、支付币种和地点等。合约改革是个渐进过程，2014 年集体行动条款的增强已使集合投票成为可能。但含集体行动条款的发债合同限制投资人的权利，很难说不影响债券发行的市场需求和债券的价格或成本，新冠疫情前发展中国家发行的国际债券中只有约一半含集体行动条款。抵制重组的债券持有人发起诉讼的风险仍然存在；主要国际金融中心、国际债券发行地通过立法保护发展中债务国的海外资产免受违约诉讼处罚也是选项，但真正落实并非易事。

为了增加对债权人参与债务处置的压力，有智库建议 IMF 修改对欠债国提供贷款支持的政策（Lending-into-arrears policy），允许 IMF 在部分债权人不参与债务重组或不提供融资保证的情况下对债务危机国贷款，实质通过 IMF 与债务国的贷款协议限制债务国政府对不参与债务处置债权人的偿付，避免债务危机和高债务风险国家在公开违约前继续支付部分债权人的状况，为抢在违约前（Preemptive）债务重组创造条件，并称之为促进债权人参与的“潜在强大工具”。①

IMF 执行董事会 2022 年 5 月完成了对主权欠债政策自 2002 年以来的第一次审查，维持了 2015 年设立的对官方双边债权人欠债的政策，但将这一政策扩大到部分多边金融机构，即在一定条件下，IMF 可以对官方双边及部分多边债务逾期欠款的债务国提供贷款支持。对非官方或私人债权人，IMF 修改了 1989 年设立的政策，简化了债务国必须满足的条件，强化了对私人债权人参与债务重组的要求，即要求债务国重组谈判出价必须足以“恢复债务可持续”，与 IMF 贷款方案的债务减免参数一致，从而加大对私人债权人的压力（见表 7.1）。②

多边机构、智库学者对提高非官方债权人的参与还有其他建设性的专业建议（IMF，2020a，2020b），值得国际主权债务的债权、债务双方认真考虑（见专栏 7.1）。

① Ahmed, M., and H. Brown (2022).

② IMF (2022)。IMF 1970 年设立对借款国主权外债逾期欠款的不容忍政策（Policy of Non-Toleration of Arrears, NTP），即不允许对主权外债欠款的国家贷款。为了增加对抵制债务重组债权人的压力，加快债务危机国的债务重组减免，为“先发制人”（抢在公开违约前）的债务重组创造条件，IMF 1989 年设立对私人债权人欠款的债务国贷款政策（Policy on Lending Into Arrears to private creditors, LIA），2015 年设立对官方双边债权人欠款的债务国贷款政策 (Lending Into Arrears to Official Bilateral Creditors Policy, LIOA)。

表7.1　　非官方债务处置机制的发展

机制 / 发起年份	债权类型和债务形式	自愿协商 / 强制性约束	协议性质和 落实方式	特点 / 优势	不足
伦敦俱乐部 / 1976	发达国家商业银行贷款，发展中国家主权债务	自愿协商，最大债权银行牵头组成“顾问委员会”与债务国集体谈判	各债权银行自主决策，参考伦敦俱乐部重组建议与债务国政府签署重组协议	• 原则与巴黎俱乐部类似 • 集体谈判在当时条件下扩大了债权人参与，促成了债务重组减免	发达国家商业银行基本不对低收入国家中长期贷款
IMF 设立向拖欠国贷款（LIA）政策 / 1989	非官方债权人，发展中国家主权债务	IMF 贷款协议约束债务国对非官方债务的偿付和重组减免	IMF 监督，债务国落实	• 给私人债权人带来一定压力 • 加快债务国走出危机的进程	• 对私人债权人尤其是债券持有人压力不够大 • 未从根本上解决私人债权人参与问题
集体行动条款 / 1996	非官方债权人，主权债券	债券投资者自愿接受	债务国发行主权债券时在合同中添加集体行动条款	• 在主权债券合同中加入强制性条款 • 防止债券重组被少数人无限拖延	• 只适用一个系列债券 • 市场接受缓慢、有限
SDRM（IMF 建议）/2001	发展中国家主权债券持有人	国际社会通过 SDRM 框架及 IMF 发挥约束作用	在 SDRM 框架下落实，独立的 SDDRF 发挥作用	• 主权债券重组多数决策，集合投票 • 设置专门的争端解决机制，兼顾效率和公平	• 需要国际法基础，涉及 IMF 章程修改，未获 IMF 执行董事会通过
增强的集体行动条款 / 2014	非官方债权人，主权债券	债券投资者自愿接受	债务国发行主权债券时在合同中添加增强的集体行动条款	• 解决跨系列债券集合投票问题 • 事实上赋予 2/3 多数持有人决定债券重组的权利	• 市场接受缓慢、有限 • 未完全解决私人债权人可比待遇参与问题
IMF 修改 LIA 政策 /2022	私人 / 非官方债权人，发展中国家主权债务	IMF 贷款协议约束债务国对非官方债务的偿付和重组减免	IMF 监督、债务国落实	• 增加对私人债权人参与重组的压力 • 进一步加快债务国走出危机的进程	• 私人债权人可比待遇参与问题始终存在

资料来源：作者根据有关文献整理。

7.2 新兴债权国的国内支持与协调

新兴债权国积极参与国际债务处置需要充足的国内支持。国内必须对相关机构和企业在责任、利益、债务处置成本承担等方面达成一致。形成共识和行动的前提，尤其在从计划经济转型的国家，是清晰界定对外官方与非官方债权，解决第4.4节的质疑，以及第5.1节所列关切（2）和（3）。此外，由于国内对外提供投融资的各类机构众多，有效的跨机构协调也是新兴债权国在多边框架下发挥积极作用的必要条件。

7.2.1 新融资格局下官方债权的界定

国内外对我国对外中长期债权的性质长期存在严重误解。比较典型的是将我国所有国有控股机构、企业的对外信贷都当成官方双边贷款，将我国非官方商业性贷款与OECD定义的“其他官方资金”（OOF）混为一谈。发达国家智库在这一领域最有影响的实证研究，例如美国智库全球发展中心2020年发表的一项“中国官方贷款性质”的论文，通过比较中国机构、企业2000—2014年对130个国家1046项贷款和同期世界银行贷款的融资条件（利率、宽限期、还款期等）来研究“贷款优惠度”和“信贷组合优惠度”。欧美学者收集对我国1949—2017年对152个国家约5000项贷款、赠款二手数据的研究，基于100份中国机构与发展中国家贷款合同文本的分析，以及涉及13427个中资项目的研究，都不同程度地混淆了我国官方支持的贷款和商业性贷款。[①] 这种误

① 分别见Morris, S. et al. (2020)，Horn, S. et al. (2021), Gelpern, A. et al. (2022)，Malik, A. et al. (2021)。

解不仅见诸西方媒体，影响发达国家学者和智库的研究甚至国际组织的出版物，也在某种程度上在国内存在，反映了政策性金融机构商业化改制的困难。[①]

即使是上面的这些实证研究，也不得不承认以下几个事实：第一，自21世纪以来，尤其是2008年国际金融危机以后，中国对外中长期信贷的大部分是非优惠贷款，主要由发展中国家需求驱动，2013年以后大部分贷向企业、银行、特殊目的载体（SPV）、合资和私营机构。[②] 第二，发展中国家欠中资机构的债务大部分是电力交通等基础设施工程和能源矿产开发项目。[③] 第三，中国提供对外信贷的机构较多，包括政府部门、官方出口信用机构、“政策性”银行、国有控股商业银行、其他国有控股企业或机构，乃至供应商信贷。第四，国家开发银行海外贷款以营利为目的，利率是“国际商业银行间市场利率（浮动LIBOR）加借款机构风险溢价及偿付能力附加”。[④] 国家开发银行的境外贷款与工商银行、农业银行、中国银行、建设银行等国有控股上市商业银行一样，“都必须维护自身的资产负债表”，贷款业务“都没有政府补

① 世界银行发布的《国际债务统计2022》中以中国为题的专栏（Box O.1）总的来说描述了事实，但也误将国家开发银行归类为“政策性”银行。

② 驱动因素的计量分析见Dollar, D. (2018)，2013年后贷款流向见Malik, A. et al. (2021)。Dollar, D. (2018), 根据Dreher, A. et al. (2017) 整理的AidData项目层面数据和约翰斯·霍普金斯大学中非研究所 (CARI) 数据，指出 “Chinese banks are secretive about their lending terms, but most of these loans are in dollars at flexible, commercial rates”. Also see Gelpern, A. et al. (2022) Table 1., Horn, S. et al. (2021), IDS 2022。

③ 见世界银行的《国际债务统计2022》；Dollar, D. (2018) 根据AIDDATA数据，中国机构2012—2014年国际融资的主要行业是能源开发供给、运输和储存及采矿，分别占32%、39%和5%。

④ “Loans by China Development Bank (CDB) are extended at market-based rates. Typically, the base interest rate of a CDB loan is set to the (floating) London Interbank Offered Rate (LIBOR), and then an additional margin is incorporated to account for borrower-specific risk and repayment capacity.” (Gelpern, A. et al., 2022, Section 2).

贴”。[①] 第五，中国进出口银行对外贷款的很大部分也是非优惠的“自营”贷款，也就是自主决策、自负盈亏、自救风险，没有财政补贴，商业性质项目的贷款。[②]

造成对我国海外中长期债权的认知偏差有历史、体制转型等原因。我国对发展中国家信贷由于财政资源紧缺很早就走上市场化道路。改革开放推动商业性质的国际信贷，特别是项目贷款比重上升，逐渐成为对外债权的主体。从完全官方双边债权到官方与非官方债权混合，仅从对外披露的数据很难看清这一此消彼长的过程。这个过程也伴随着信贷机构的多元化，除政府部门和官方出口信用机构外，开发性金融机构、商业银行、各类企业也参与对外中长期信贷。这些机构企业的资本结构、公司治理、业务范围、监管约束发生了很大变化，但外界知之甚少。外界的质疑也与国内相关机构曾经的自我定位、对外宣传有关。如第 6.2 节分析，开发性金融机构境内和境外贷款的制度环境很不一样，合同适用法律不一样，贷款的性质也不同，对这些区别的忽视也是认知误差的重要原因。

清晰界定对外官方与非官方债权，结合国内金融治理实际处理国际债务重组也是国内业界的要求。本书调研的对外投融资机构就强烈要求对外债务处置不要“一刀切”或使用行政手段。非官方债权按法治和市场化的方式处理是面向未来的“双赢”解决办法。此外，国内解决地方隐性债务，如城投融资平台债务，实行“谁的孩子谁抱走”的办法，有利于解决权责不清、道德风

① “…they must maintain their own balance sheets and lend without receiving official subsidies from the state” (Morris, S. et al. (2020), Box 1.).

② Morris, S. et al. (2020), Section 4 and Figure 6.

险等问题。处理国际债务也要减少道德风险，促进国内问责和改革。

国际债务实践中对官方债权的定义、覆盖范围在债务处置中有重要影响。官方债权人可分为官方多边债权人和官方双边债权人，其中官方双边债权人的界定对我国有最为直接的影响。但无论是巴黎俱乐部、IMF，还是世界银行，对官方双边债权人定义的核心都是“政府或政府的机构”。以统计为目的的定义如世界银行债务国报告系统的定义较宽泛，政府或公共机构包括中央政府、地方政府、中央银行、公共企业和其他公共实体，并特别指出公共企业包括官方出口信用机构、国有开发银行等。①

官方与非官方债权的界定事关重大，国际上存在不同甚至相互矛盾的定义，我们必须认真、慎重、合理解决。从目前情况来看，我国对外债权可分为无争议和有争议两类。无争议的如国家国际发展合作署提供的无息贷款，属于官方双边贷款，且已有减免机制，纳入多边框架下的债务处置范围。中国进出口银行的“两优”贷款是我国政府给予发展中国家政府的优惠性资金安排，归类为官方双边债权也争议不大。国有商业银行提供的主权及主权担保贷款，包括工商银行、中国银行等国有银行向债务国政府提供的贷款或由债务国政府担保的贷款属于商业贷款。

比较有争议的是国家开发银行提供的主权及主权担保贷款，争议的根源在于国家开发银行是政策性还是商业银行的属性，尤其是其境外贷款的性质。中国进出口银行自营主权贷款也颇有争议，根据官方出口信用机构的性质，此类贷款将被归为官方双边

① World Bank Debtor Reporting System Manual，www.worldbank.org.

债权，但我国的实际是该机构存在类似部分发达国家“政府账户”和非政府账户的不同业务，后者自主决策、自担风险、自负盈亏。我国商业银行提供并由中国官方出口信用机构保险的贷款是否纳入多边框架下官方双边债务的处置也有一定争议。世界银行的债务国报告系统（DRS）定义由商业银行提供、官方出口信用机构担保的贷款为商业银行贷款，但也有国际债务重组先例将其当成官方双边债务。

综上所述，国际上对我国金融机构对外债权性质、规模的疑误有我国身身的原因，不解决不利于我国在多边框架下的国际债务处置发挥积极作用，鉴于我国大型金融机构债券在国内资本市场的地位，还有可能引发危及国内金融稳定的风险。以公共机构属性，而不是使用财政资金、契约基于商业法律为标准将我国金融机构对外信贷当成官方双边债权将极大地提高我国参与国际债务处置的财政代价，也有可能引发不确定性，增加金融市场震荡。

7.2.2 国内跨机构协调

这个问题在传统债权国不存在或不突出，但在新兴市场国家却较为明显。除了不同性质的债权难以协调外，各机构相互独立、互不隶属也是问题。在 IMF 和世界银行执行董事会协调债务重组事宜的是中央银行和财政部的代表，但这两个部门与贷款机构也不是隶属关系。此外，各机构债权的直接对手方或是债务国政府，或是当地企业；债权的风险有的受国际和债务国宏观经济的影响，有的与特定企业、项目经营业绩更密切；各机构内部治理改革、相关的约束有差异，对债务处置的偏好因此也不一致。清晰界定对外官方和非官方债权可以解决国内跨机构协调的部分问题，但国际债务处置的情景因国而异，方式多样，包括各种传统手段的组合、债务转换等，需要国内更有效、更有力的协调。

国内有关部门已就加强跨机构协调做了不少努力，国内外学术界也对新兴债权国的国内跨机构协调问题进行讨论，如2022年7月本书作者提出“加强国内跨机构、机构内跨部门协调”的建议，2022年9月美国财政部长顾问 Brent Neiman 在彼得森国际经济研究所提出建立专门处理境外坏账的资产管理机构（“坏账银行”），2022年12月欧美学者在欧洲智库“发展融资实验室”提出“菜单”方式协调的建议。[①] “坏账银行”就是参照国内1999年成立四大资产管理公司处理主要商业银行不良资产的经验，先剥离问题信贷资产，再由专门资产管理机构参加国际债务重组谈判。“菜单”方式就是借鉴“布雷迪计划”（见第3.3.2节），国家谈判代表首先与国际对手达成债务重组协议，然后将重组协议降低债务净现值的要求以不同组合落实的“菜单”供国内机构选择，进行所谓“市场化”协调。“布雷迪计划”的“菜单”由债务国提出，发达国家商业银行债权人选择；此次欧美学者的建议是新兴债权国当局提出“菜单”，国内债权机构选择。

高效率的国内协调机制应该符合国情，针对症结，充分发挥国内体制优势，推动国内企业治理的改革。搞清楚国内协调的难点，是对外难以统一立场，对内缺乏激励，还是缺乏集中统一专业领导？在明确问题的基础上，国内协调实质上是在多边场合支持发展中国家，专业保护我国海外资产，同时推进厘清政商界

① 王建业（2022), Neiman, B. (2022), Diwan, I. and S. Wei (2022)。

限、分清权责，降低道德风险，加强公司治理和问责的改革。

7.3 国际债务处置的公平问题

国内有要求多边债权人参加后疫情时代减债的呼声，认为多边债权在中低收入国家主权外债中的占比高于双边债权，参加债务减免对恢复低收入重债国债务可持续的效果更明显。[①] 此外，非官方债权人“搭便车”的风险真实存在。在这样的背景下，我们实际上面对三个层次的公平问题：（1）中低收入国家外债构成中多边和商业债权人比重远超中国的情况下，要求中国等官方双边债权人首先重组减免债务是否公平？（2）债务占比最大的多边债权人不参与债务重组减免公平吗？（3）如何防止商业债权人“搭便车”，保证这类债权人参加债务重组减免？

7.3.1 什么是债务处置的公平

公平的债务处置要求兼顾债务国和债权人，以及不同类型债权人、各类型债权人内部的利益。国际社会尤其是发展中国家呼吁公平、实质、及时的国际主权债务处置。实质、及时是债务处置的目的，公平在很大程度上是为实现目的而采取的必要原则或手段。债务国的目的是尽快走出危机，维持国内稳定，恢复生产和偿付能力。债权人希望尽可能地减少损失并在双方今后的经济关系中获益，这个目的只有在债务国恢复可持续增长、恢复财政和外汇偿付能力后才能实现。债务国和债权人作为一个整体的长远利益其实高度一致。债务国和债权人整体具有的广泛共识还包

① 参见刘昆 (2020), 金中夏 (2022b)。

括债务国必须进行必要的经济调整改革，以及这种调整改革需要国际新资金的支持。

虽然债务和债权双方长远利益一致，但轻重缓急不同。债务国因债务负担过重而逾期或停止偿付，不管债权方是否同意。债务危机国要尽快走出危机，最需要的是新资金支持下的经济稳定和调整改革。新资金并非必须来自 IMF 和世界银行，“老朋友”或政治经济联系密切的国家和国家集团也可提供。但实践证明，债务国落实调整改革、恢复偿付能力不仅需要新资金，也需要专业的帮助和严格的监督。这也是 2009 年希腊债务危机爆发后，尽管欧盟有足够资金救助，但还是需要 IMF 贷款支持，以保证希腊经济调整改革方案（如大幅裁减公务员、削减公共部门福利等）落实的原因。历史上 IMF 对借款国主权外债欠款“零容忍”。1989 年、2015 年、2022 年分别放松了对私人债权人，官方双边债权人，甚至部分多边债权人欠款的容忍度，即允许 IMF 在一定条件下对债务危机国贷款。[①] 其中最重要的条件是主要官方双边债权国提供融资保证，同意按 IMF 与债务国达成的调整改革方案的要求进行债务处置（见第 7.3.2 节）。

债务处置要求债权人广泛参与，部分债权人不参与债务重组且获更优惠偿付就是不公平。不公平的协议不持久难执行，从这个意义来说，公平是为了债务处置的落实。不同债权人所受的约束和诉求千差万别，如何让他们形成持久可行的债务重组协定？原则上公平要求债权人按债权份额承担债权打折的损失，就是待遇可比。落实待遇可比性原则的责任在债务国，在债务偿付中不

① IMF (2022a), 本书第 7.1.3 节。

给予部分债权人特殊待遇。IMF 通过与债务国签订贷款协议约束债务国的对外债务偿付，贯彻落实待遇可比性原则。

公平的概念可分实际和法律意义两个层面。当债务国停止偿付外债，如斯里兰卡政府 2022 年 4 月债券违约后宣布停止偿付所有外债，实际上所有债权人都按债权大小比例“剃头”（债权净现值打折）。债务处置通过谈判达成重组减免协议使债权打折契约化，债务国摆脱过量债务负担或“欠债诅咒”的负面影响，新资金放心流入，债务国重启经济增长。债务处置拖延对债务国不公平，债权人广泛参与债务处置是最大的公平。

中国等官方双边债权国在债权实际打折后首先进行法律意义上的债务处置是为 IMF 贷款提供融资保证，说到底是为了债务国尽早走出危机。“首先”是因为目前多边债权人不参加国际债务重组减免（见第 7.3.2 节）、私人债权人分散及法律约束，无法及时提供融资保证。所谓“融资保证”现在也并不一定是正式重组协议，主要债权国组成的债权人委员会同意债务重组也能满足 IMF 要求，如 2022 年 8 月 IMF 执行董事会就在中国等主要债权国同意后批准了对赞比亚 13 亿美元的扩展信用额度（ECF）贷款。实际上，IMF 执行董事会 2015 年设立的政策允许 IMF 在部分官方双边债权国不支持债务处置的情况下贷款。IMF 用待遇可比性原则约束债务国，不得继续偿付这些债权国和私人债权人。

牵头主权债务重组并不意味着承担更高代价。债权人承担的成本（资产损失）与其在按信息共享、待遇可比性原则处置债务的份额成比例，收益则是中长期从债务国获得偿付及经贸投资关系正常化后获得的其他利益。牵头债权人有可能付出更大代价的情景是相当部分债权人不参与，最后导致债务国摆脱危机努力的失败。争取最大多数债权人的参与因此是保证国际主权债务处置公平的核心。

综上所述，为了使债务国早日走出危机，中国等官方双边债权国在债权比重远低于多边和私人债权人的情况下首先同意进行法律意义上的债务处置有利于发展中国家债务危机的解决。最大官方双边债权国牵头债务重组并不需要承担更大的损失，因此是积极、公平的。

7.3.2　多边债权人的债务减免

多边金融机构与双边债权国同为官方债权人，背后都是公共财政，或纳税人的支持。为什么多边债权人不参加当下的国际债务重组减免？历史上多边债权人曾对重债穷国提供过债务减免，为什么不能够再一次减债？这与布雷顿森林机构主要是 IMF 在国际金融危机救助的角色、多边机构债务处置的决策门槛有关，恐怕也与多边重复减债的后果有关。

回顾历史，多边债权人中的 IMF 在世界银行的支持下一直在发展中国家主权债务处置中首先提供融资并以独特的方式发挥协调作用。IMF 代表国际社会首先提供新资金并帮助监督债务国在新资金支持下为恢复财政和债务可持续进行的宏观经济调整。通常的步骤是债务国与 IMF 专家团队就稳定宏观经济（减少失衡，降低通胀、稳定汇率等），恢复生产、出口、投资的一揽子方案达成共识。实施该方案期间（通常三年）债务国政府所有收入减去支出（包括到期及拖欠债务）后的差额即资金缺口。多边金融机构的新贷款只支持债务国经济调整改革，不用于支付其他双边或商业债权人，否则有违债权人之间的公平。只有在非多边债权人提供融资保证，即按宏观经济调整方案的要求处理债务国所欠债务，方案的资金缺口最终降至零，IMF 执行董事会才会批准新贷款支持的调整方案。从官方双边和商业债权人获得融资保证的责任在债务国。

2008 年国际金融危机前，发展中国家的官方双边债权国主要是发达国家，发达债权国组成的巴黎俱乐部与 IMF 密切合作，牵头国际债务处置。巴黎俱乐部的主要功能就是组织官方双边债权国与债务国集体谈判，通过与债务国达成双方长期利益最大化的协议，及时为 IMF 贷款支持的经济调整方案提供融资保证。巴黎俱乐部与债务国的债务处置协议包含一项很重要的条款，规定债务国必须在巴黎俱乐部协议的基础上真诚地（Good faith）按待遇可比性原则尽快与其他官方双边和非官方债权人达成债务处置协议。考虑到发展中国家主权债务官方债权构成的变化，IMF 执行董事会已于 2015 年设立、2022 年修改对债务欠款国贷款的政策，允许一定条件下向部分官方双边和多边债权人欠债的危机国提供贷款支持。

多边债权人是否参加主权债务处置受这类机构性质、功能的影响，由执董会投票权的多数来决定。国际金融机构如 IMF 和世界银行的成员国超过 180 个，担负国际收支危机救助和帮助发展中国家脱贫的任务。国际发展银行对中低收入国家的贷款大多是优惠利率、超长宽限期和还款期。这些机构参与债务重组的成本——资本金的损失由成员国承担，机构信用评级下降造成发债成本及对成员国贷款利息上升则在很大程度上由发展中借款国承担。此外，参与债务重组也削弱多边机构对危机国首先提供新资金的能力。实际上，新冠疫情暴发以来，多边金融机构已通过诸如 IMF 的快速信贷机制（RCF）贷款和新一轮相当于 6500 亿美元的特别提款权（SDR）分发为发展中重债国提供流动性支持。

目前多边债权人不参加国际债务处置还有一个原因，就是中低收入国家的主权债务危机还不是“系统性”危机，即还没有在全球较多国家爆发。IMF 和世界银行加上区域性发展银行已在重债穷国减债倡议和多边减债倡议（MDRI）下做过一次深度债务减免，包括世界银行集团旗下国际发展协会的高度优惠（10 年宽限期，40 年还款期，0.5% 利率）贷款。时隔十几年，如果多边金融机构再次减免债务，在这些机构目前的出资和治理体系下，将很难避免严格问责，很可能导致这些机构中低收入国家贷款机制的终结，完全成为赠款和技术援助机构。这种转变将大幅减少流向中低收入国家的发展资金，其后果恐怕是布雷顿森林机构及其主要股东不愿意考虑多边重复减债的深层次原因。

没有足够的投票权支持，多边债权人就不能参加国际债务减免。但多边贷款推高债务国外债现值也是事实，IMF 团队在世界银行协助下计算债务现值减免至“可持续水平”的参数，新兴债权国在受到国内制约、私人债权人参与不确定的情况下按这些参数达成官方双边减债协议的确有“他人点菜，我方买单”的争议（见第 5.3 节）。新兴官方双边债权人担心承担超过本身债务份额的减债成本，解决这一关切的办法是合理界定债务减免的范围（区分官方和非官方债权）和改进减债参数的计算方法。后者需要加强新兴债权国与 IMF—世界银行的协商、协调。

7.3.3 私人债权人的债务减免

非官方（商业性）债务受与官方债务不同的法律约束，国际债务处置长期存在集体行动、违约诉讼等难题。历史上发展中债务国的商业性外债主要是发达国家商业银行的银团贷款时，如 20

世纪 80 年代的拉美债务危机，这些银行组成的伦敦俱乐部发挥与巴黎俱乐部类似的协调集体谈判作用。签署官方双边债务处置协议的债务国政府承担落实待遇可比性原则的主要责任，这一原则在维持债权人之间平等、激励相容，防止“搭便车”等破坏债务协议持久落实的行为方面发挥有效作用。考虑到商业性债务重组谈判所需时间和困难，为了不让债务国经济调整恢复被少数商业债权人无限拖延，对于 IMF 来说，官方双边债务处置协议及其待遇可比性条款也视同商业债权人的“融资保证”。

21 世纪以来，主权债券持有人已取代发达国家商业银行成为发展中国家最主要的商业债权人。尽管集体行动条款引进、增强多年，发展中国家包含集体行动条款的主权债券仍未普及。目前国际社会仍然缺乏确保主权债券持有人参加国际债务重组的成熟机制。IMF 执行董事会 2022 年修改了对私人债权人欠款的债务国提供贷款支持的政策，加大了后疫情时代对私人债权人参加国际债务重组的压力。IMF 与债务国的贷款协定含严格的待遇可比性条款，IMF 在贷款期间的监督检查也确保商业债权人无法得到偿付，除非参加债务重组，降低了这类债权人“搭便车”的风险。

7.4　发展可持续与债务可持续

“发展可持续是债务可持续”是重债穷国减债计划和多边减债倡议大幅减免低收入国家债务后我国涉外金融机构提出、国内较普遍认同的观点。我国财政部 2019 年发布的《“一带一路”债务可持续性分析框架》与 IMF—世界银行“低收入国家债务可持续分析框架”主要区别之一就是对债务—发展关系的阐述，指出“重大生产性投资虽然短期内提高负债率，但可带来更高的增长、收入和出口，从而降低未来负债率”（见专栏 5.2）。

这种观点理论上没错，认为发展可持续带来偿债能力的提高，债务承受能力越大，就越可以通过债务融资加快经济发展，实现发展可持续到债务可持续的良性循环。[①] 在实践中，这种观点动态地看待发展中债务国的债务限制政策，灵活对待债务融资，只要是生产性、可带来经济增长、收入和出口的项目，容忍短期内提高负债率。发展融资提供方可提供更多贷款，做更多、更大的项目。

发展可持续和债务可持续的良性循环需要若干前提或假设。第一，债务国偿付能力增长超过或至少不低于负债累积的速度，偿付能力包括财政和外汇两个方面的能力。第二，国内治理良好、国际环境有利。第三，融资使用高效，项目产出、收入、盈利实现预期。可能还有其他条件，如项目建设顺利，不超预算，环境、劳工保护合规等，但至少满足以上三个条件。

现实远比理论严酷。2008 年国际金融危机后发展中国家想加快发展，借款国想多借，债权国贷款机构想多贷。由于中国等新兴市场国家工业化城镇化需求的拉动，大宗商品价格坚挺，低收入国家尤其是大宗商品出口国贸易条件改善，经济较快增长，更多中低收入国家大量借入外债，包括发行偿付成本高、偿付条件严苛的国际市场债券。当外部环境改变，增长减速，债务过量累积的问题就逐渐暴露。债务危机也暴露了国内治理能力欠缺、财政失衡、公共资金使用低效，甚至腐败等问题。以赞比亚为例，赞比亚公共债务在 2012 年后快速累积，DSSI 下的展缓也没能帮助赞比亚渡过难关，2020 年 11 月成为新冠疫情暴发后第一个公

① 参见李若谷（2007），“正确认识发展中国家的债务可持续问题”，世界经济与政治，2007 年第 4 期。

开对外违约的中低收入国家。发展可持续和债务可持续良性循环的主要条件缺失是重要原因（见专栏 7.2）。

发展中国家利用外部资金包括债务融资发展经济无可厚非。中国的经验是审慎借入外债，改善营商环境，吸引外国直接投资等“非债务产生”资本。市场经济下债务有风险，违约难避免。非官方债务人违约，资不抵债的后果是股权清零，退出市场。官方债务违约的后果很不一样，债务国民生受影响，债务危机也可能触发民众抗争，政府下台。债权国贷款净现值下降，贷款资产收益率下降，债权实际打折。如果债权是国有资产，则国有资产出现实质性流失。

总结最新的经验，加深对理论的认识。金融实务中理论指导很重要，但将理论付诸实践，对相关机构和个人的激励机制和制度约束更重要；未来永远不确定，信贷双方更应谨慎对待债务限制。发展可持续促进债务可持续理论正确的应用是对债务融资不“一刀切”：债务融资支持高效益项目，优先使用优惠贷款，动态调整负债限制。发展中国家依靠外债促进经济发展必须有严格制度约束，才能避免“轮回式”周期性的债务危机。

历史也证明，重债穷国国内治理和结构性问题很难在短期改变。中低收入国家（如赞比亚）吸引国际投融资建设国内发电能力，增加电力供给，推动经济增长。国有供电公司以较高的价格从这些投融资产生的电力供应商购买电力，但转售给企业和居民的价格相对固定。通货膨胀、汇率贬值、国际市场能源价格上升、气候变化等因素都可推动国有供电公司电力购入售出价格倒挂，带来持续、大量亏损和财政欠款。解决债务问题要求调整电力售价，改变价格倒挂，国有供电公司扭亏为盈。但事关国计民生（如赞比亚主要出口商品铜的生产成本）、政局稳定，这类改革往往一拖再拖。

历史还证明，重债穷国不恢复债务可持续就很难重回可持续发展之路。由于经济结构单一，依赖国际市场，以及国内治理和结构性问题的长期存在，中低收入国家周期性的债务偿付困难可能很难避免。危机爆发前债权人与债务人协同努力，减少债务人的债务脆弱性，包括增加债务透明度和加强债务（包括国内债务在内的全部债务）管理，扭转债务不可持续的趋势，对各方乃至全球经济体系的成本都小于危机爆发后的补救成本。

专栏7.1　改进国际债务处置的创新举措

随着国际融资结构和方式出现新变化，债务国债权关系越发复杂，私人债权占总债权的比重不断提高，现有主权债务架构需进一步改革，推广创新举措。

- **为非债券私人债务增加集体行动条款**。除主权债券外，私人债权人持有的银团贷款或次主权贷款通常缺乏集体行动条款，导致更改还款条件时需要征得所有债权人的一致同意，大大增加了重组过程的复杂性。因此，可在私人债权人主权贷款尤其是银团贷款中纳入集体行动条款，允许多数债权人在必要时修改贷款合同的部分条款，一旦更改后所有债权人均应遵照执行，以此来促进非债券债务的有序重组。

- **严格执行抵押限制政策**。IMF和世界银行认为，近年来有抵押的主权债务占比有所增加，使相关债务重组复杂化。当债务国发生债务违约时，有抵押物的债权人可以强制执行抵押品并从中获益，削弱了其参与集体债务重组的动机。如果债务国以其核心资产（如战略企业的股权）或战略性现金流（如石油收入）作为抵押物，可使相关债权人具有很强的议价能力，进一步使债务重组复杂化。因此，IMF和世界银行将通过多种渠道推广严格执行负面抵押条款（NPC），加强对抵押贷款的信息披露，以限制债务国将特定资产或收入流抵押给其他债权人，抑制有抵押的主权贷款（见专栏 4.3）。

• **使用“状态依存型”主权融资工具，提升中低收入国家面对风险冲击时的债务韧性**。近年来，联合国、IMF 等国际组织和多边机构不断倡议国际社会开发并使用新的主权融资工具，使债务国可根据未来经济发展状况（如 GDP 增长、出口或大宗商品价格）来调整对债权人的偿付金额，称为“状态依存型”（State-contingent）债务工具。在经济衰退期，债务国可根据相关条款减少偿债金额，抵御债务风险的冲击；在经济上行期，债务国可增加偿债金额，债权人从而分享债务国的经济发展红利。该工具还可以纳入保险条款，在债务国面临大流行病、自然灾害等不可抗力冲击时，自动暂停偿债或延长债务期限，提高债务国抵御未来冲击的能力，避免需进行大规模缓债时各方再进行耗时的多边谈判。从一定意义上来说，这类融资工具参照企业融资中的“债转股”方式，使对债务国的债权具有某种“股权”的特征。

• **继续加强“契约方法”应对系统性债务危机**。IMF 指出，如果全球陷入程度更深、持续更久的经济衰退，引发系统性主权债务危机，以“共同框架”、巴黎俱乐部为代表的官方债权人协调机制、历史上以伦敦俱乐部为代表的商业银行债权人协调机制以及以集体行动条款为基础的债券持有人协调机制可能不足以有效解决危机，需要新的融资或立法工具加以应对。新的融资工具包括多边机构为债务负担极重的债务国提供现金融资或增信，以缩小债务国所需的债务减免额度与债权人能够承受的损失之间的差距，使重组协议更容易达成。新的立法工具包括通过立法或行政法规的形式限制债权人按合同强制执行对债务国抵押物和主权资产的处置，以促使重组顺利进行。例如，2003 年联合国安理会通过决议，使伊拉克的石油收入免于被其债权人强制用于债务偿付。

- **改革国际信用评级机构并纳入国际债务架构之中。**国际信用评级机构会影响私人债权人债务减免的实施。亚洲金融危机和欧债危机证明，信用评级机构的顺周期信用降级使危机更加严重，国际化缓解危机的措施更加难以实施。

专栏7.2　赞比亚：从债务积累到偿付危机

1. 经济概况

赞比亚地处撒哈拉以南非洲内陆，人口 2022 年超过 2600 万。铜矿和水力资源丰富，矿产占出口收入的 2/3，水力发电占电力供给的近 85%。2022 年 GDP 约 270 亿美元，人均 GDP 2008 年已超过 1000 美元，2022 年为 1350 美元（IMF 数据）。

2. 债务风险累积

21 世纪前十年，中国等新兴市场国家工业化带动全球大宗商品价格上涨，赞比亚贸易条件改善，出口和 GDP 增长强劲。经过重债穷国减债倡议和多边减债倡议下的债务减免后，赞比亚政府和政府担保（PPG）的公共债务以及外债占GDP比重大幅下降。2008—2011年公共债务和政府投资占GDP比重分别约20%和3%~4%。

2011年起国际市场铜价开始下行，赞比亚政府和企业开始大量举债增加投资。公共债务、政府投资从2012年分别占GDP约25%和6%上升到2018年的70%和8%。但经济增长从2012—2013年接近7%下滑，受2016年和2019年旱灾、2020年新冠疫情影响，2019年GDP增长只有1.4%，2020年为−2.8%。

赞比亚PPG外债中增长最快的是商业性债务，对偿付压力最大的是2012年、2014年、2015年发行的共30亿美元的欧元债券（利率高达8.97%），以及官方双边债务。

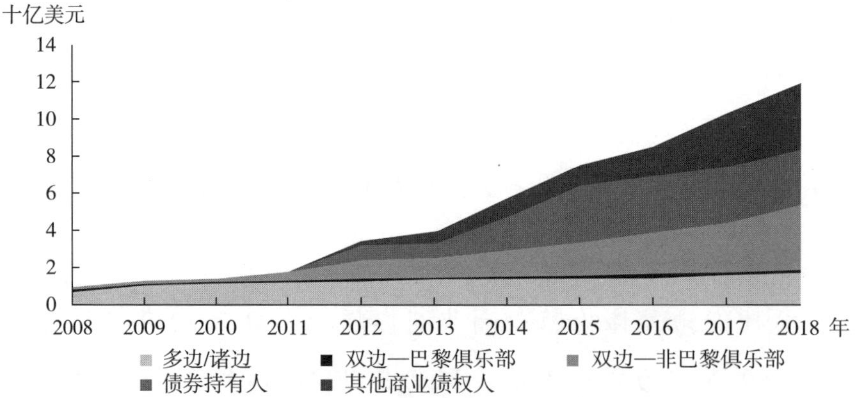

专图7.1 赞比亚PPG外债的债权人构成

（资料来源：IMF—世界银行2019年赞比亚债务可持续分析文件）

同许多非洲中低收入国家类似，赞比亚政府债务累积产生的偿付风险不仅来自外债，也来自内债。2021年底全部PPG债务高达GDP的132%，其中外债66%，内债67%，内债中非居民（外国）债权人占近1/5（GDP的13%）。

3. 外部环境变化增加风险

2016年、2019年的旱灾不仅打击农业生产，也减少水力发电，加上国际铜价持续下行，以及新冠疫情对出口和财政收入的影响，赞比亚主权外债的风险上升。赞比亚的主权外债包括国有企业尤其是国家电力供应公司（ZESCO）投资大型水电项目的负债，以及为弥补电力供应缺口欠独立电力供应商的外币应付款等。

IMF—世界银行2013年对赞比亚的债务可持续分析将风险从“低”调到“中”，2015年警告风险增加，2017年将公共债务和外债都认定为“高风险”。穆迪、标普、惠誉评级公司对赞比亚的主权信用评级2011年还是B+级，2016年三家同时给出“负面”前瞻，2017—2018年分别进一步调降赞比亚的主权信用评级。

4. 国际和中方债权人构成

IMF和赞比亚政府公布的数据表明2021年底全部公共外债167亿美元，占全部PPG债务的近50%。公共外债债权人中多边和商业债权人的份额超过官方双边债权人（见专表7.1）。

专表7.1　　赞比亚公共外债债权人构成，2021年底

	金额（亿美元）	占全部外债比重（%）	占GDP比重（%）
全部PPG外债	167.6	100	65.8
多边债权人	26.5	16	10.4
官方双边债权人	79.5	47	31.2
巴黎俱乐部	13.3	8	5.2
中国	59.3	35	23.3
印度	3.2	2	1.3

续表

	金额（亿美元）	占全部外债比重（%）	占 GDP 比重（%）
欧元债券	32.8	20	12.9
其他商业债权人	15.5	9	6.1
燃料、电力等欠款	13.2	8	5.1

资料来源：IMF 对赞比亚 2022 年 ECF 贷款文件，No.2022/292，https://www.imf.org。

中国债权机构较多。据约翰斯·霍普金斯大学中非研究倡议收集的数据，2000—2019 年共有 18 家中国机构对赞提供主权贷款，包括中国进出口银行、工商银行、国家开发银行、中国银行、江西银行、供应商企业等。主权担保最多的是 KGL 水电站项目的 20 亿美元国际银团（中国进出口银行、工商银行、南非发展银行）贷款。中资承包商为股东 ZESCO 出资提供过桥贷款。中国机构贷款承诺高峰出现在 2016—2018 年（见专图 7.2）。①

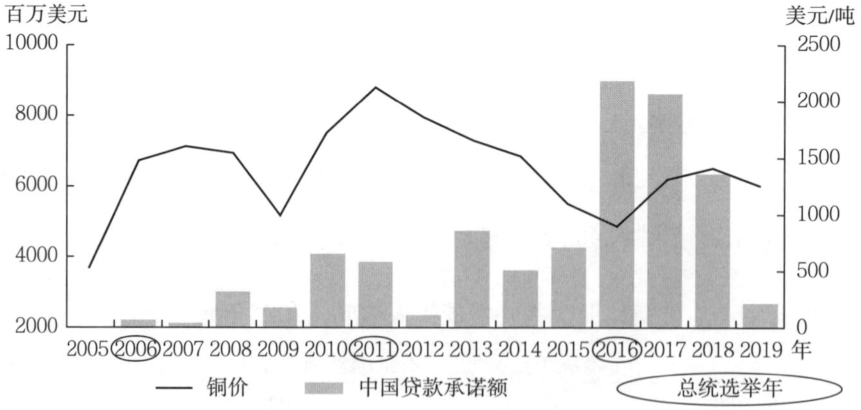

专图7.2 国际铜价及中方贷款承诺额

（资料来源：IMF 及 SAIS-CARI 数据）

① Brautigam, D. and Y. Wang (2021).

第八章
深化对外投融资领域的改革开放

百年未有之大变局下世界经济的前景恶化，2022 年全球经济增长比上一年大幅下降，几近腰斩，近 1/3 的国家经济收缩。[①]主要国际组织和市场机构预测 2023 年世界经济进一步放缓，甚至进入衰退。受世界经济前景恶化打击最大的是中低收入债务国家，与偿付能力相比，这些国家在过去三年积累的主权债务已经大大超过上一次国际金融危机（2007—2009 年）。继斯里兰卡 2022 年 4 月违约后，加纳 12 月宣布停止对大部分非多边外债的偿付，苏里南债务重组也提上 IMF 的议事日程。世界经济大幅放缓或衰退有可能引发更多脆弱中等收入国家在内的债务偿付危机。2022 年 11 月 G20 巴厘岛峰会领导人宣言回顾过去两年对中低收入国家债务处置的进展，承诺“加快在‘共同框架’下可预测、及时、有序、协调处置债务”。[②]国际融资治理体系改革的当务之急是尽快落实“共同框架”下的债务重组。

本章对深化我国对外投融资（主要是融资）领域的改革开放提出六个方面的建议：第 8.1–8.2 节针对当前国际主权债务处置，第 8.3–8.4 节为重启官方支持的跨境融资规则谈判创造条件，第 8.3–8.6 节面向未来，促进向可持续发展融资的转型。面

① 经济收缩指连续两个季度 GDP 同比下降，见 IMF 2022 年 10 月《世界经济展望》。

② G20 巴厘岛峰会领导人宣言肯定了过去两年的努力：官方双边债权国已给赞比亚提供融资保证，结束了对乍得债务的处置，对埃塞俄比亚债务的处置也有望取得进展，见宣言第 33 段。

对“共同框架”下债务减免的申请，我们的选择其实只有主动作为和被动应对。主动作为就是在债权人委员会和集体谈判中发挥积极作用。在债务国停止偿付以后，因为担心“破窗效应”而拖延债务处置事实上就是扩大我国海外信贷资产的损失，增加对贷款机构资本金的侵蚀，推高我国企业被挤出深耕多年发展中国家市场的风险。着眼长远，中低收入国家增长、减贫、创造就业、融入世界市场最终靠非官方、商业性投融资。主动作为，处理好发展中国家的债务偿付困难，就是最大限度保护我国的海外资产，保护我国在发展中国家的商业利益，也最终帮助穷国脱贫，促进人类发展。

8.1 明确区分官方与非官方对外债权

中低收入国家债务重组把厘清官方与非官方或商业性债权的问题推上了前台。这个问题不解决，相关债权国就很难参加债务谈判，“共同框架”下的债务重组就会一拖再拖，中低收入重债国“失去十年”的风险就有可能成为现实。作为发展中国家最大的官方双边债权国，第七章的分析表明我国在这一轮发展中国家主权债务处置中已不可能充当配角。为了支持中低收入债务国尽快走出债务危机，我国已在新冠疫情暴发后宣布免除 15 个非洲低收入国家截至 2020 年的对外援助无息贷款债务，2022 年 8 月又宣布免除非洲 17 国截至 2021 年底对华到期 23 笔无息贷款债务。[①] 中低收入重债国官方双边债务中份额最大的是有息贷款债务，是这些国家要求在“共同框架”下重组的主要债务。债权国

① 2020 年 11 月国务院新闻办公室《新时代的中非合作》白皮书；中国外交部长在中非合作第八届部长级会议成果落实协调人会议上的致辞，中国外交部网站。

明确区分这部分债务的官方和非官方属性涉重大经济和金融利益，是参与国际主权债务处置的当务之急。

我国作为官方双边债权国对发展中国家债务展期、重组、减免有较长的历史，债务处置曾长期在国际债务架构之外协商解决，谈判以双边、非公开、个案处理为主。尽管我国已积极参与国际债务倡议，如DSSI和“共同框架”，但传统债务处置的影响还在，国内尚未建立与多边债务处置相适应的体制机制，这也影响外部对我国对外债权分类处置的认知。在造成对我国海外中长期债权属性认知偏差的所有原因中，缺乏对外融资和债务处置信息透明度是最直接原因，体制机制改革的滞后是根本原因，体制机制改革是解决问题的必要条件。

主权债务处置中“官方双边债务”的定义在第7.2节已有讨论。国际上不同机构不同时期的定义有差别，主要分为两大类：以收集统计数据为目的，如世界银行债务国报告系统；以债务处置为目的，如巴黎俱乐部。前者一般较为宽泛，后者由债权和债务双方通过博弈共同决定，相对严格。但无论是巴黎俱乐部，还是多边金融组织，“官方双边债权人”定义的核心都是“政府和政府的机构”。巴黎俱乐部将被处置的债务按债权人分类，明确官方双边债务“由债权国政府或政府的相应机构，特别是官方出口信用机构发放的债权组成”。“官方双边债权（Official bilateral claims）由两类融资产生：一是政府或政府机构向债务国政府及其他公共实体提供的直接贷款；二是政府或政府机构担保的信贷，在多数情况下，这些是为了支持债务国进口而提供的商业条件信贷。”巴黎俱乐部还明确“私人债权人是所有非多边、官方双边债权人，包括供应商、商业银行和债券持有者”。[①] 值得指出的是，购买官方出口信用机构保险的商业银行、制造商、出口商、供应商信贷，无论在国际统计中还是国际债务处置的实践中，都属于非官方或私人债务。

国际债务处置涉及债权国和债务国双方利益，官方双边债务的界定经过长期实践产生。其实质是官方双边债权的损失由债权国纳税人承担，非官方债权的损失通过股权清零、债权打折承担，资不抵债的机构有序退出市场。因此应该将重组的官方双边债务限定为我国政府部门的贷款和官方支持的出口信贷，也就是以是否使用财政拨款或补贴，以及项目合同是否基于商业法律并受此制约为标准，而不是以贷款机构是否国有或国有控股为标准。发达国家鲜有国有控股银行提供跨境中长期商业信贷，或国有企业向境外借款国企业提供较长期商业信贷，它们对发展中国家债务处置很少涉及这类债务。但这类债务的正确划分对新兴市场债权国，尤其是向市场经济转型的债权国有实际意义。

国际主权债务处置要求非官方债务按待遇可比性原则比照官方双边债务处置。也就是说，非官方债权迟早也要通过打折承担损失。然而区分官方和非官方债务仍然非常重要，不仅是因为这可以为我国非官方海外问题债权的处理争取时间，而且因为非官方债务处置按商业和法律的原则进行，可供选择较多，如债转股、债转环保、气候变化投资、公共卫生支出等，债权债务双方为减少损失可谈判的余地也较大。商业性融资中效益良好、无偿付困难的项目继续按合同落实有利于债权债务双方，也有利于当

① 详见巴黎俱乐部官网：被处置债务 / 发展中国家债务 / 分类 / 按债权人分类，http://www.clubdeparis.org/en/communication/page/classification。

地就业和经济发展。此外，官方与非官方债权的处理对债权国公共财政的影响不同，前者的损失由财政或全体纳税人承担，后者风险自救、损失自担。这意味对相关机构和人员的问责也不同。我国“自主经营、自负盈亏、自救风险”的机构和企业很多。这些机构、企业及其管理层，不管是否国有出资，按市场规律优胜劣汰对防止我国境外资产损失的重复出现、提高我国有资本的收益率或使用效率十分重要。不尽快明确区分境外官方和非官方债权，我国大量实质商业性信贷有可能在国际债务处置中受损，冲击相关机构的资产负债表，甚至引发债券市场动荡，危及国内金融稳定。

在官方与非官方分类国内外存在争议的债权中（见第 7.2 节），国家开发银行的境外贷款的属性已经较清楚，中国进出口银行自营贷款需要澄清。从贷款资金来源看，进出口银行的最主要资金来源是发行金融市场债券，辅以中央银行再贷款、企业存款、同业存款等，不含财政拨款或借款，与发达国家的官方出口信用机构，如美国进出口银行的资金来源存在根本区别。从银行业监管看，进出口银行资本充足率等风险监管指标由国内金融监管当局比照《巴塞尔协议》框架监管。从是否享受财政补贴看，我国财政部仅对援外优惠贷款进行部分贴息，且无法完全覆盖资金成本；自营贷款均为自担成本、自负盈亏，不享受任何财政补贴。从贷款项目选择和风险管控看，进出口银行自营贷款多为基于当地需求和商业可行性开展的项目贷款，尤其是在资源能源开发领域，贷款以项目收入为还款来源，辅以项目产出或出口担保的还款安排，贷款本质上属于商业性债权。对外阐明现阶段中外官方出口信用机构的差异将有助于在国际债务处置中将进出口银行自营贷款排除在官方债务重组的范围之外。

基于以上分析，为使我国在国际债务架构改革中发挥更积极的作用，也为了减少国际架构下债务处置对国内金融稳定的影响，建议官方和非官方经济责任尽可能分开，财政只承担真正的官方双边责任或成本。

• 加快区分官方支持的融资与商业性融资：一是官方发展援助与官方支持的出口信贷分开。国际债务处置的规范是区别对待官方双边债权中的援助贷款与出口信贷，后者通常更商业性、市场化。二是官方支持的出口信贷与金融机构或企业“自主决策，自负盈亏，自救风险”的贷款分开。

• 明确我国对外官方双边债权由以下贷款产生：官方发展援助——国家国际发展合作署的对外援助无息贷款、中国进出口银行的援外优惠贷款；官方出口信贷——中国进出口银行政府账户的出口信贷（国家交办、财政兜底）。

• 中国进出口银行优惠出口买方信贷未来只提供人民币贷款，即与援外优惠贷款合并，通过大幅延长还款期、宽限期、调整利率等组合将优惠度提高到 35% 以上。

• 明确中国进出口银行自营账户贷款（自主经营、自担风险、自负盈亏）不是官方支持的出口信贷。

• 明确国家开发银行是商业银行，不是政府机构，也不是“政策性”银行。国家开发银行的海外贷款从项目决策到融资条件都是市场化的商业信贷，不是官方双边贷款。其他国有控股、商业注册、公司化治理的投融资机构是自主决策、自负盈亏的独立商业性机构，不是政府机构，其贷款不是 OECD 定义的“其他官方资金”（OOF）。

• 为了更明确地厘清政商界限，建议加快相应的机构改革。

如中国进出口银行集团下设专司官方业务和非官方（商业性）业务的机构（类似世界银行集团旗下 IDA 和 IBRD/IFC），研究和经营团队可共用，但资产负债表、财务报表单列，监管和统计部门可考虑相应调整，加强非官方业务的对外信息披露。

• 明确"政策性""开发性"银行业务限于国内市场，强调其境外业务的商业属性。对外经济活动中不再使用政策性银行的概念。从市场化、法治化、扩大规则制度型开放的大局出发，对外继续使用"政策性银行"的概念弊大于利。

• 加大对外澄清南南合作概念的力度。南南合作是发展中国家之间的合作，并非全部是官方和官方支持资金，也包括非官方商业性资金，以及非政府商业性机构和企业。合作国家经济发展阶段的提升必然带来非官方商业性资金比重的增加，这是南南合作卓有成效、可持续发展的表现。

8.2　加强发展融资领域的国内协调

我国领导人、财政和金融部门官员在国际场合就多边债权人不参加对发展中国家的债务减免表达了意见。加快"共同框架"下的债务处置要求我们直面国内这方面的关切。这些关切在很大程度上是因为多边贷款推高债务国主权外债现值，但多边债权人不参加债务减免，还负责计算债务国外债现值减至"可持续"水平的深度等参数，并要求新兴债权国按这些参数达成官方双边减债协议。这种做法有可能导致官方双边债权国承担超过自身份额的减债成本（见第 5.3 节，第 7.3 节）。解决这一关切要求我们在明确区分官方与非官方债权的同时，加强内外协调。对内集思广益，理顺各自主决策、自救风险机构的利益和约束；对外统一、及时、有效地与主要国际金融机构、其他债权国或债权人以及债务国沟通，求同存异，提高“共同框架”下形成债务处置共识的效率。为此，可考虑：

• 加强国内跨部门跨机构协调。鉴于国内不同部门多机构对外融资的现状，为发挥我国体制垂直效率的优势，可以考虑设立由中央高层领导、跨部门跨信贷机构的常设组织，统一协调领导国际主权债务处置事宜。由从事涉外主权贷款业务历史最长、份额最大、对发展中国家债务重组经验最丰富的机构抽调专业人员组成国际债务处置常设秘书处，负责日常事务和执行工作。

• 国际债务处置常设秘书处与人民银行国际司、财政部国际司、中国驻 IMF 和世界银行执行董事办公室紧密联系，通过它们加强我国债权机构与 IMF—世界银行执董会和工作团队的协调沟通，提高合理协商解决减债参数和落实方式等问题的效率。例如，减债深度用净现值计算，计算减债参数的债务总额包括多边债务，新兴债权国的有争议债权不按官方双边债务处置，避免不公平高估官方双边债权人的减债值。又如，虽然多边机构目前不减债，但支持债务国摆脱危机的新资金应尽可能为赠款或高度优惠贷款，而不是期限较短的贷款，间接支持债务国将债务存量减免至可持续水平。推动 IMF 考虑设立高度优惠贷款信托，用于支持发生偿付能力危机（非流动性危机）的低收入和脆弱中等收入国家。再如，当经过多边框架下谈判不得不考虑对债务国减免债务，促使债权债务各方就降低债务净现值达成共识后，各债权方可自主选择减免债务存量的账面价值，也可通过降低利率、延长还款期限、增加宽限期，以及债转股、债转环保、债转气候变化投资、债转公共卫生支出等各种置换（见专栏 8.1），或这些方式的组合来减少债务净现值。

• 加强各银行机构内部在债务信息和处置方面的协调。各银行机构内部应加强跨部门跨地区以及海外分行的协调，相互配合，减少层级体系中的信息漏失，保证债务相关信息的真实、准确、及时；也保证债务处置公平合理、有效落实，将道德风险降至最低。

• 加强对外融资信息发布和债务可持续框架落实的协调。在对外融资数据收集、整理、定期公布方面，我国比其他新兴市场经济体对外信贷规模要大得多，这一领域涉及机构和企业较多，目前信息分散、口径不一、披露欠缺。加强对债务可持续框架落实的跨机构协调，就可避免近年我国部分机构、企业在主要国际金融组织、评价机构已对相关债务国标定“高风险”或下调主权信用评级之后，仍继续或增加贷款的情况再次发生，也避免国内多机构信贷风险的叠加。

8.3　提高对外投融资透明度的举措

过去十年我国涉外经济金融透明度取得了显著进步，为这一领域的数据统计、信息披露与国际接轨打下了很好的基础（见第6.5节）。新冠疫情暴发以来，我国积极参与发起多边债务倡议，如DSSI和“共同框架”，但国外对我国承担国际债务倡议相关责任仍然存疑，积极有效应对的关键是进一步提高我国对外投融资的透明度。这不仅有利于降低金融风险，也是推动后疫情时代国际规则重构的关键。我国对外投融资透明度再上台阶要求我们实事求是地分析目前的短板，与国际（多边）组织倡导标准的差距，以及进一步提高透明度的主要难点和障碍，从而找到较快提高对外投融资透明度的着力点。

比较我国对外投融资数据披露的现状与相关国际组织的标准或其他国家的实践有助于取长补短，进一步提高透明度（见附录五）。不是所有的“国际标准”都适合新兴市场国家，各国发展阶段、经济社会结构、政府统计能力有差别。也不是所有的“国际标准”都完全合理，合理的标准有利于发展，不合理的标准不可能持久。

我国对外投融资透明度在过去十余年提升显著但不均衡，呈现“三强”“三弱”。国际比较表明，我国数据透明度的提升对外直接投资强，对外中长期信贷弱；在信贷领域，对外债务强，对外债权弱；在对外债权中，官方援助强，官方支持的信贷弱。当然“强”“弱”的比较是相对的，有些透明度“强”的领域也有进一步提高的空间。

在直接投资领域，除投资方式外，我国的实践与联合国贸易和发展会议的披露标准基本相同。投资方式公布数据的差异源于概念的不同，从分析的角度，二者提供不同的信息，都有意义。增加类似联合国贸易和发展会议《世界投资报告》的数据，有利于提高我国投资方式数据的国际可比性。

中国对外援助与发达国家的官方发展援助（ODA）信息披露的主要区别集中在两个方面。其一，我国只公布按区域、国家收入水平分类加总信息，不公布受援国别信息。其二，我国不公布贷款去向，世界银行的 IDS 和发达国家则公布受贷单位类别，如公共部门、国有企业、政府担保的私营企业等。除了这两个方面，中国发展援助的透明度与发达国家官方发展援助的透明度已经十分接近。

国际比较中最重要的是我国相关金融机构与发达债权国“其

他官方资金”（非官方发展援助）债权信息披露的对比。“其他官方资金”主要是出口信贷，出口信贷与高单价、高技术含量的资本品如飞机、船舶、轨道交通、发电设备的国际贸易密切相关。为了维护公平竞争，避免补贴战，发达国家经过谈判于 1978 年达成约束官方支持出口信贷的“君子协定”，并不断更新协定的内容。“君子协定”要求成员国贷款信息相互披露，成员国之间的公开透明是为了相互监督和公平竞争。

我国相关金融机构的信息披露和“君子协定”成员国比较差别较大，“君子协定”成员国之间披露贷款的国别、行业、项目，贷款的去向，贷款的性质，贷款币种，利率、宽限期、还款期。我国相关机构对这些尤其是项目层面的信息均不对外披露。我国有些金融机构曾经公布年度境外贷款余额，但近年来也停止公布。由于历史的原因，我国金融机构对外贷款合同中保密条款的使用较普遍，比较严格的保密条款也限制债权债务双方的信息披露，降低透明度。

进一步提高我国对外融资透明度不仅可能，而且必要，具有相当的紧迫性。提升我国对外投融资透明度的关键在于增加官方和官方支持中长期信贷的信息披露，而难点恰恰在我国独特国情下相关金融机构的企业属性、业务性质不断变化。作为发展中国家最大官方双边债权国，我国金融机构信息披露的欠缺在债务重组增多的后疫情时代对我国尤其不利，亟需改变。我国在“共同框架”下发挥领导作用，推动赞比亚主权债务解决，官方双边债权人与债务国集体谈判过程中信息共享程度增加。我们应该顺势而为，在比较分析的基础上针对提高透明度的重点、难点发力。相关建议有以下几点。

• 专业务实处理透明度问题。跨境投融资的透明度要遵循有利于风险防控，有利于公平竞争的原则。提高透明度不是向发达国家让步，而是主动为之，为了我国经济的长远发展利益。将透明度问题泛政治化不利于实事求是解决透明度问题。提高透明度有可能涉及既得利益，强化追责问责，因此有一定阻力，需要高层的政治决心和推动。

• 通过体制改革减少提高透明度的障碍。本书的分析已经指出，对外信贷政商界限不清是提高对外融资透明度的难点。官方和官方支持的信贷和不涉及政府补贴及其他支持的商业银行业务在国际上面对不同的竞争，是两个不同的市场。政商不清不利于公平竞争，也给提高透明度增加困难。此外，金融机构内部可能存在“所有人—代理人”的信息落差或信息不对称。第 8.1 节的建议有助于区分官方和官方支持的融资与商业性信贷，也有助于改进信息的收集与综合，并在此基础上增加相关机构的信息披露。

• 统筹协调对外融资信息公布。世界上主要的官方双边债权国是中国为代表的新兴市场国家和发达（OECD）国家。建议借鉴 OECD“信贷报告系统”的经验，由国家外汇管理局和国家统计局统筹协调官方和官方支持对外融资数据的收集、整理、定期公布。商业银行的对外主权贷款可考虑按“国际银行业统计”或国家金融监督管理总局的要求披露。

• 先易后难，循序渐进提高透明度。国际比较揭示我国官方支持的信贷与国际同行相比信息披露差距较大。可考虑参照对外援助，先按区域、国家收入水平分类公布加总信息，最终过渡到按国别公布。贷款去向按公共部门、民营部门或政府、国企、政府担保的民营部门公布加总信息。贷款条件可考虑公布新签贷款承诺的平均值。

考虑自主可控分阶段推动主权贷款信息“可公开尽公开”。如推动设立主权贷款分类公开原则，将我国对外主权贷款项目及信息分为主动公开、依申请公开、不予公开类。推进主权贷款规模、融资条件等信息“可公开尽公开”，现阶段可考虑主动公开反映主权贷款良好实践的结构化数据等信息，如项目类型、区域分布、行业分布等。

倘若国际出口信贷工作组谈判能够恢复并最终达成新的包括主要新兴市场经济体的“官方支持出口信贷”国际协定，我国可过渡到在该协定成员国之间披露项目层面信息。我国对外援助也可最终过渡到按受援国公布，并提供贷款按公共部门、企业和其他民营部门分类的去向。历史数据的公开可能受信息不完整、双边合约保密条款的约束，可考虑从新增贷款或项目开始按国际标准披露信息。

• 着眼未来，重新审视保密条款的使用。历史上我们在双边信贷协定中使用保密条款较多。发展中国家已经发生很大变化，很多信息东道国国内法定程序要求披露，信息化、数字化也增加了保密的困难。保密条款的使用在过去很长一段时期受国际环境影响，在现阶段保密条款是否促进债务可持续、是否推动债务国国内治理的进步、是否有利于贷款回收和保护我国资产的安全都值得研究。我们要着眼 21 世纪，认真分析过往实践的利弊，实事求是，与时俱进。

• 帮助债务国提高收入或资产抵押贷款的透明度。收入或资产抵押是商业项目贷款中较常见的风险控制方法。借债主体应是提高这类债务透明度的第一责任人。我国可帮助债务国政府建立主权和主权担保的收入、资产抵押贷款和项目信息的线上登记、公布平台，对投资人、债权人、债务人和国际机构公开。这也有助于这类贷款支持项目的风险防控。

8.4 落实对外贷款的债务可持续框架

发展中国家多次发生债务危机，每次危机都给债务方和债权方带来巨大损失，也带来相关责任方的调整。20 世纪 80 年代拉美债务危机后，拉美国家摆脱债务“原罪”（美元债务和本币资产的错配），推进债务本币化。90 年代亚洲金融危机后，东亚和东南亚的新兴市场国家普遍增加外汇储备，提高汇率弹性，加强对金融业尤其是短期跨境资本的监管。债权方的调整包括发达国家商业银行大幅减少甚至退出对发展中国家银团贷款市场，发达国家政府也在重债穷国减债倡议和多边债务减免倡议后大幅减少了对低收入国家的官方双边贷款，代之以发展援助赠款和对多边金融组织优惠贷款的支持。这一轮债务危机也一定会引起新兴市场债权国对高风险地区和国家中长期信贷的反思。中低收入债务国的调整也有可能带来这些国家可持续发展前景的分化。

作为发展中国家的最主要的官方双边债权国，我国在积极帮助债务国重组债务、走出危机的同时，也要防止类似债务危机和我国对外债权损失的重复出现。回过头来看，中方机构、企业对过去十年借债国政府国内债务的累积、商业性主权外债尤其是国际市场债券比重上升给官方双边债务带来的风险存在低估（见专栏 8.2）。IMF 非洲局在新冠疫情暴发前几年多次指出该地区中低收入国家国内债务管理不善和过快累积将导致这些国家的公共债务不可持续，增加对外偿付风险。又如IMF—世界银行2017年对赞比亚的联合债务可持续分析已认为该国债务“高风险”，但我国有关企业仍继续推进项目，银行继续贷款，没有及时调整项目和贷款方略、控制缩小风险敞口。这些教训值得记取。

我国财政部2018年4月发布《“一带一路”债务可持续性分析框架》，有关部门当时已意识到中低收入国家主权债务风险的积累。如第7.4节分析，我国的经验高度重视生产性投资对实现可持续发展的关键作用，而债务融资是提供资金的重要渠道。财政部发布的《“一带一路”债务可持续性分析框架》结合带路沿线国家的国情，旨在确保债务可持续的同时，推动这些国家经济社会可持续发展。《“一带一路”债务可持续性分析框架》建立在IMF和世界银行低收入国家债务可持续性分析框架（LIC-DSF）的基础上。布雷顿森林机构的债务分析框架吸取了重要的历史教训，就是不管多大幅度的债务减免都无法保证一国不重回债务困境，谨慎的再融资和债务管理至关重要。后者需要全面、客观、前瞻的量化分析，认真的压力测试和可操作的标准与实施手段。这种框架不仅对债务国有用，也为债权国贷款机构提供了控制新增贷款和贷款组合风险的实用工具。

《“一带一路”债务可持续分析框架》的内容、方法、指标与国际金融组织多次修改的LIC-DSF基本一致，薄弱环节主要在贷款机构的落实。我国对外贷款的机构较多，各机构基于项目和自身风险防控体系自主决策，债务国多来源、多机构借债风险的叠加较容易被忽略。《“一带一路”债务可持续性分析框架》填补了对外贷款决策依据的重要空白，但出台时间较晚，效果滞后。此外，虽然主管部门鼓励金融机构使用该框架对债务风险分类管理并作为贷款决策参考，但由于金融机构自主经营、独立决策（尤其是商业性业务），而该框架非强制性政策工具，因此发布初期实际执行的程度有限。

即使金融机构将该框架融入自身决策体系，从事后的角度来看，实施中对该框架的关键部分也可能出现系统性偏差：（1）对债务国偿付风险的“初始条件”低估，如国际债券的敞口、国内债务的规模和管理缺陷；（2）对债务国及借债机构偿付能力未来的发展高估，通常就是低估债务国国内结构性和治理方面的问题；（3）对约束债务国新增负债的必要性低估，这一点往往与对债务方未来财政和外汇偿付能力过于乐观有关；（4）对还款期的不确定性，如全球环境、自然灾害、地缘政治等外生因素突变造成的冲击低估。

对我国过去十余年对发展中国家信贷融资的反思也印证了以下共识和事实。一是我国企业“走出去”是我国经济利用两个市场两种资源以及实现经济发展的必需。二是我国的对外投融资为当地经济社会发展作出了积极贡献。三是发展中国家尤其是中低收入国家资本稀缺，高回报项目较多，发达国家无法提供足够的发展融资；多边发展机构支持的项目通常费时较长，落实较慢；我国企业在发展中国家长期深耕，对当地生产性项目的开发、建设、投融资有独特的优势。我国金融机构和企业支持的大量海外项目在微观层面财务可行，高回报商业性项目不应该受到债务危机的连带伤害。

为了在后疫情时代更好地落实对外信贷的债务可持续框架，我们建议：

- 加强对债务可持续框架落实的领导和跨机构协调。各机构切实将可持续分析框架融入本机构风险防控体系。对于官方和官方支持的贷款审批，将财政部发布的《“一带一路”债务可持续分析框架》作为强制性政策工具，与对外贷款决策挂钩。主管和监管机构将该工作纳入检查考核内容。领导部门加强协调，避免国内多机构信贷风险的叠加。

• 把紧新增贷款的关口，严格审视中低收入债务国主权担保和国际债券敞口的风险，重视债务国国内公共债务对外债财政偿付能力的挤压，重视“一带一路”国家政府及立法部门设立的公共债务限制，以及国际金融机构近年来更新的重债国经济调整期对外举债限制。坚决杜绝承建商为债务国股东变相提供项目资本金融资、加大项目债务风险的做法。加大项目本地化和第三方企业合作，提高项目贷款的落实效率。

• 区分官方和非官方资金支持的项目，防止对债务危机和高风险国家贷款调整“一刀切”。中低收入国家主权债务偿付困难并非始于新冠疫情，对这些地区贷款的回撤和收缩在疫情暴发前已经开始，但很多非官方资金支持的生产性项目仍然具有财务可行性。在落实债务可持续框架中要区别对待商业性项目，按市场原则调整，保护我国企业海外资产和债权的利益。

• 降低我国在部分中低收入国家对外债务的集中度。我国在部分国家官方双边债务、全部主权外债的占比相当高，不利于风险的化解。在反思前期风险累积教训的基础上，可考虑采取措施，如债转股、债转环境保护、气候变化、公共卫生支出等置换，降低我国在债务危机和高风险国家的贷款敞口和风险集中度。

• 防止同一市场债务偿付问题重复多次出现。债权国增加对外贷款透明度和国内的问责，帮助债务国加强债务管理能力和对“非债务产生”外资的吸引力都有利于中低收入国家更快地融入国际发展的主流，减少对债务融资的依赖，保持可持续发展。

8.5 打破贷款—债务重组的轮回

我国对发展中国家债务处置的历史有经验，也有教训。据公开渠道收集的数据，2000—2019年中国与发展中国家进行了上百次外债重组或减免，重组方式从20世纪后20年以延长还款期为主到调整还款安排、延长宽限期、降低利率，到无息贷款免除。有的债务国偿付问题反复出现，债务多次重组（见附录四）。新冠疫情暴发后，中国是DSSI下为参加该倡议的发展中国家提供债务暂缓金额最高的国家。多次展期往往反映债务处置的不足，偿付问题反复出现也与借贷双方有关。持续的贷款发放和随后的债务减免容易产生道德风险和债务依赖，不利于债权国提高有限的国内资金使用效率，也不利于债务国信用文化的建立和可持续发展的长远利益。

随着我国经济转向高质量发展，对外信贷融资也要提高质量。借鉴我国吸引外资的经验，可考虑加强官方发展援助和非官方资金的联动。官方发展援助（无偿援助和优惠贷款）和官方支持的资金更多地用于受援国、债务国治理能力和营商环境的改善，为这些国家吸引非官方、“非债务产生”资本，如外国直接投资创造条件。

对于多次展期仍无法实现债务可持续的国家，更优惠的债务处置包括债务减免难以避免。减免债务后，对这一类国家的资金支持可考虑增大无偿援助的比例，以更符合这些国家偿付能力的方式提供援助。发展援助应更注重人力资源、技术援助和管理能力建设。我国对外无偿援助的财政预算相对有限，占国民收入或财政支出的比重和发达国家有一定差距。在财力允许的情况下，可考虑参照人均收入的差距，逐步提高我国对外无偿援助占国民收入的比重至OECD平均比重的10%~15%，增加无偿援助资金。[①]

对于确实需要官方支持有息贷款的国家，有关企业要加大市场开发，通过与当地企业和第三方合作，增加在东道国的可选项目。项目选择要真正以市场竞争条件下财务可行（bankable）为标准，加强商业前景和可行性评估，不仅要重视项目的长期经济效益和社会影响，也要重视项目的短期经济效益和现金流平衡。部分发展中国家急于改变现状，或出于政治考虑，不顾自身承受能力提出超过实际的项目需求，实行过度举债。我们要帮助债务国加强国内治理和债务管理能力，借助这些国家立法部门以及国际金融机构设立的债务限制，坚持非优惠贷款项目的标准，科学制定债务融资预警监测指标，顶住这些国家过度举债的压力，从源头上解决债务依赖问题，降低道德风险。[②] 贷款机构增加对外贷款透明度和国内的跨任期问责也有助于提高对外信贷的可持续性。

非官方资金在“一带一路”倡议和南南合作框架下发挥着日益重要的作用，也将是后疫情时代满足发展中国家经济社会发展资金需求的主要形式。非官方资金的来源不仅包括民营企业，也包括“自主经营、自负盈亏、自救风险”的国有企业。这部分资

① OECD（DAC）成员国 2018—2021 年平均净官方发展援助（赠款）占国民收入（GNI）的 0.3%，https://data.oecd.org/oda/net-oda.htm。

② 现代金融监管强调科学制定债务融资预警指标（郭树清，2022），包括中低收入国家政府和政府担保的国内债务和国际市场债券（见专栏 8.2）。

金按国际市场商业原则投融资，虽然在债务国发生偿付危机时不参加官方双边债务重组，但风险自担，债务融资也要承担资产打折风险。这类机构加强公司化治理，股东加强对管理层问责也将助力我国企业的海外布局，提高我国对外投融资的质量。

8.6 顺应对外投融资的长期趋势

如第 1.3 节指出，资本流入发展中国家最显著的长期趋势是官方和官方支持资金的比重下降，非官方或社会（民间）资本比重上升。中国经济的崛起和全球化的深入并没有改变这一趋势。我国人口红利减退，人口抚养比升高，也必然影响国民储蓄率和公共财政。从全球来看，人口老龄化扩大养老金和医疗相关支出、增加公共债务偿付的压力和财政平衡的困难，也会影响对外经济活动的财政资源。[①] 我国企业"走出去"从初期以国有企业为主、依赖官方融资的支持到如今各类企业全球布局，直接投资变得更加重要。技术进步和金融数字化也助力互联网、电商等新业态跨境发展，这类企业也较少依靠官方信贷资金的支持。

国际中长期信贷的另一个长期趋势是银行中介的贷款相对下降，资本市场融资的比重上升。从国内的情况来看，房地产曾经是我国银行信贷支持的主要行业，占我国银行业信贷资产的比重高达四成。随着房地产长周期拐点的到来，房地产开发高杠杆高周转的模式已成过去。信贷市场的变化和资本市场改革的推进将加快国内直接融资比重上升，间接融资比重下降，银行信贷中介作用的相对收缩。在跨境融资领域，我国企业海外发展模式从官

① Goodhart, C. and M. Pradhan (2020).

方支持的信贷带动我国企业设备出口和工程承包到投资—建设—营运的转型，银行业务本地化，项目发行债券融资等也影响国内银行中介的跨境中长期信贷业务。[①]

新冠疫情以来，中低收入国家主权债务偿付困难及随后的债务重组减免也将对今后流向这些国家的中长期发展资金产生影响。历史上，强化贷款问责和对中低收入国家风险的再认识，曾带来发达国家发展融资从贷款向赠款的转变。今后新兴债权国的对外信贷也可能受影响。新兴债权国官方发展资金的数量约束将有所上升，这要求提高资金使用效率和项目质量效益。我国有关金融机构对这些变化要有所准备，未雨绸缪，及时推进业务调整。

扩大人民币在国际投融资领域的使用符合国际货币体系变化的长期趋势。早在 2008 年国际金融危机之后，我们就指出增加人民币的境外使用并不要求人民币完全可兑换。通过有选择、有步骤的资本和金融账户开放等举措，人民币就有可能进入特别提款权（SDR）的货币篮子，首先取得储备货币的地位，促进人民币在国际结算、清算和投资的使用，走一条与英镑、美元不一样的国际化道路。[②] 自从 2016 年成为 SDR 构成货币后，人民币在境外的使用有升有降，在全球央行国际储备中约占 3%，低于美元的 60% 和欧元的 20%。有研究表明，全球来看人民币储备与人民币结算国际贸易的比率虽然低于美元，但与欧元相近；人民币贸易结算越多的国家持有的人民币占该国外汇储备的比重越高。2016 年以来，央行货币互换协定的增加、人民币债券市场的开

---

① 我国企业海外电力投融资模式的转型见王建业等（2022），第三章、第七章。

② 王建业（2012）第 12 篇“人民币不完全条件下的国际化”和第 17 篇“人民币、特别提款权与国际货币体系改革”。

放、人民币离岸汇兑市场的发展、我国商业银行及代理行海外网点的扩展，以及银行业务的数字化，已经为人民币进一步国际化创造了有利条件。[①]

中国是世界上超过120个国家和地区的最大贸易伙伴。美国、欧盟对俄罗斯、伊朗等能源出口国的制裁使相当部分国际大宗商品贸易不得不另寻交易货币。除了鼓励企业在国际贸易中使用人民币计价和结算外，对外援助、贷款和投资中使用人民币的份额也可进一步提高。如第8.1节建议，中国进出口银行不再提供美元优惠出口买方信贷，转而使用人民币，即归入援外优惠贷款。对援外优惠贷款的还款条件按受援国人均收入或其他可持续发展指标分级，向最不发达和受气候变化等灾害性影响最大的国家倾斜，分级信息公开。延长援外优惠贷款宽限期（如10年），大幅延长最优惠贷款的还款期（如至40~50年），采用更低的贷款利率，从而提高优惠度，与国际官方发展援助的优惠度接轨。

专栏8.1　债务—环保、债务—卫生投入置换

国际债务处置除了通常的重组减免，还有“债务换自然”（Debt-for-nature swaps）、“债务换公共卫生支出”（Debt-for-health swaps）等创新性方式，在解决债务国偿付困难的同时，可为实现2030年可持续发展目标增加投入。

1. 债务—环保投入置换

“债务换自然”起源于20世纪80年代，指债权方通过

① Eichengreen, B., et al. (2022)，金中夏（2022a）也强调扩大人民币在对外投融资的使用。

部分免除、降低利率、延长偿债期限等方式减免债务国的债务，作为交换，债务国将债务减免资金用于保护生态环境的特殊债务重组方式。由于一度缺乏政策、法律支撑，该模式在实际运用中遇到协商过程冗长、债务国货币不稳、高通胀降低预期收益、债务国道德风险等困难。直至近几年，这种债务处置方式又再次受到关注。

“债务换自然”主要有两种运作方式：一种是双边模式，即由债权国直接对债务国进行减债；另一种是第三方模式，即由第三方如环境信托基金，在国际组织或环保类非政府组织（NGO）的协调支持下以低于债务面值的价格，从债权方手中购买债务国存量外债，并对债务国采取如延长期限和允许以当地货币还款等减债措施。环境信托基金再利用债务国还款推进债务国环境保护项目，并提供技术支持促成环保项目落地。在该模式下，原债权人和第三方机构共同承担债务减免的责任。以下是这两种模式的若干实例。

美国—印度尼西亚。2009 年，在“热带森林保护法”的框架下，美国—印度尼西亚债务自然互换协议达成。根据协议，美国国际开发署（债权人）对印度尼西亚约 3000 万美元债务进行重组，允许印度尼西亚将应偿资金存入一个信托基金，以用于保护苏门答腊岛的森林。具体操作是：首先，美国国际开发署对印度尼西亚政府价值约 3000 万美元的未偿债务进行重组；其次，印度尼西亚政府再分期支付款项至汇丰银行的还债账户；再次，汇丰银行定期以美元形式转账至印度尼西亚环境基金会（KEHATI）管理的外汇账户；最后，经按协议商定的程序批准后，环境基金会向环保项目提供款项。

保护国际（Conservation International）基金会—玻利维亚。1987 年，玻利维亚政府和美国非政府组织保护国际基金会达成协议，促成全球第一个“债务换自然”项目落地。根据协议，保护国际基金会以 10 万美元从二级市场打折购入玻利维亚价值 65 万美元的外债，并对玻利维亚减免了该笔债务。作为交换，玻利维亚政府承诺将这 10 万美元用于生物多样性保护区的缓冲区建设，保护国际基金会对其进行监督并提供技术支持，保障项目实施。

大自然保护协会（TNC）—塞舌尔。2015 年，在大自然保护协会的主导协调下，巴黎俱乐部成员（英国、法国、比利时和意大利等）共同重组了塞舌尔 2160 万美元的主权债务，减免塞舌尔政府债务 140 万美元，以换取塞舌尔政府保护海洋的承诺。

大自然保护协会（TNC）—伯利兹。2021 年，伯利兹与大自然保护协会签署了 3.6 亿美元的“债务换自然”协议。根据协议，伯利兹从大自然保护协会获得贷款，用贷款资金以 45% 的折扣回购 5.5 亿美元伯利兹政府债券（相当于该国公共债务的 1/4)，从而减少伯利兹未偿债务本金 1.9 亿美元（相当于伯利兹 GDP 的 12%）。作为交换，伯利兹政府在 2041 年之前每年支出约 400 万美元用于海洋保护。

2. 债务—卫生支出置换

德国—印度尼西亚—全球基金（Global Fund）。2021 年德国、印度尼西亚和抗击艾滋病、结核病和疟疾全球基金三方签约，德国减免印度尼西亚5000万欧元债务，印度尼西亚承诺将减免资金用于支持全球基金在印度尼西亚的公共卫生项目。这笔资金将与全球基金2021—2023年1.6亿美元支出互补，用于印度尼西亚基层社区肺结核病诊治，旨在将肺结核病治愈率从2019年的67%提高到2022年的90%。

类似的置换。澳大利亚、德国、西班牙与喀麦隆、科特迪瓦、刚果民主共和国、埃及、萨尔瓦多、埃塞俄比亚、印度尼西亚、约旦、巴基斯坦分别达成协议，减免共约1.5亿美元债务，减免资金用于债务国艾滋病、结核病和疟疾防治项目。

专栏8.2　中低收入国家官方双边债务的风险

中低收入国家主权外债中官方双边债务的比重在2021年底不到1/4，但在债务重组减免中首当其冲。这部分债务风险累积的过程值得分析。

债务国政府和政府担保的对外商业性尤其是高融资成本的债券过度举债，以及国内债务增长、管理不善都加大了官方双边债务的风险。从统计数据相关性来看，其他情况不变，国际市场债券敞口越大，国内政府和政府担保（PPG）债务负担越重，管理越不透明，官方双边外债的偿付风险越高。双边债权在部分国家的集中也可能增加相关官方债权人处置债务的成本。

符合2020年G20 DSSI资格的73个中低收入国家政府和政府担保的外债余额在2015—2019年以比2010—2014年更快的速度增加。我国在这些国家官方双边债务中的比重持续上升，在9个DSSI国家占比超60%。发生债务危机或高外债风险的国家中许多发行国际市场债券，这部分债务利率高、还款期短，对外偿付负担高于占债务余额的比重，国际环境恶化后很难再融资。过去，由国际债券占比过高、再融资困难引发的主权债务危机主要发生在中等收入国家，但近年来也成了低收入国家较普遍存在的问题（见专表8.1）。

新冠疫情前，IMF非洲局就曾就多次提醒撒哈拉以南非洲中低收入债务国加强债务管理，警惕国内债务失控（见专图8.1）。如赞比亚2021年底政府和政府担保的债务高达GDP的132%，其中国内债务超过一半，内债中非居民（债权人）占近1/5。通过国际债务重组推动债务国改善国内综合治理和落实结构性改革符合债务和债权双方的长远利益，也有利于提高商业债权人的参与。

专表8.1　部分中低收入国家：债券，内债，双边债务（2019年底）

债务国	外债风险	全部公共债务（PPG）、PPG外债（% GDP）	国际市场债券/全部外债（%）	官方双边债务/PPG外债（%）	中国/官方双边债务（%）
DSSI国家					
莫桑比克	危机	99.0　79.4	6.5	44.0	38.1
刚果共和国	危机	81.7　56.9	5.0	76.1	82.7
加纳	2022年违约	62.9　39.0	36.5	14.6	49.4
肯尼亚	高	65.8　34.6	19.8	23.5	73.1
赞比亚	2020年违约	103.3　62.1	25.2	30.5	83.3
乍得	2021年申请重组	41.6　29.4	44.7	24.8	33.0

续表

债务国	外债风险	全部公共债务（PPG）、PPG外债（% GDP）	国际市场债券 / 全部外债（%）	官方双边债务 /PPG外债（%）	中国 / 官方双边债务（%）
埃塞俄比亚	2021 年申请重组	53.4 28.0	3.6	30.5	77.0
喀麦隆	高	41.6 29.4	6.2	46.9	66.5
老挝	高	58.0 51.4	16.1	64.4	77.2
巴布亚新几内亚	高	40.2 17.2	11.1	29.1	64.5
安哥拉	…	113.6 78.6	21.7	20.3	91.0
巴基斯坦	…	87.6 31.5	6.7	40.5	63.1
非 DSSI 国家					
斯里兰卡	2022 年违约	93.6 65.1	40.7	28.8	44.5
苏里南	2023 年要求重组	148.0 94.0	32.3	20.7	89.1

资料来源：世界银行《国际债务统计 2021》，IMF 贷款、磋商、债务可持续分析（DSA）文件，及作者计算。

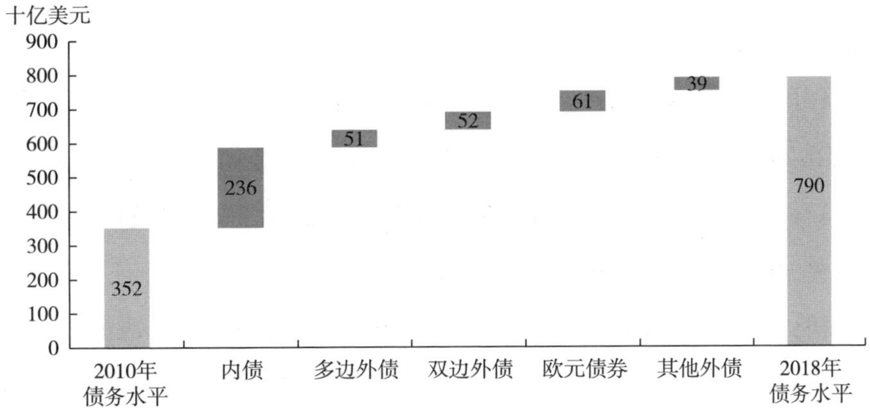

专图8.1 撒哈拉以南非洲：国内借债与偿付风险，2010—2018年

（资料来源：IMF 非洲局）

参考文献

[1] 陈元（2012），《政府和市场之间：开发性金融的中国探索》，中信出版社，北京。

[2] 郭树清（2022），“加强和完善现代金融监管”，中国银保监会，2022 年 11 月，www.cbirc.org.cn.

[3] 贺文萍（2011），“从援助有效性到发展有效性：援助理念的演变及中国经验的作用”，西亚非洲，2011 年第 9 期。

[4] 黄海波、唐露萍（2013），“南南合作与南北援助——动机、模式与效果比较”，国际展望，2013 年第 3 期。

[5] 金中夏（2022a），“为全球金融治理贡献中国力量”，中国金融，2022 年第 16 期。

[6] 金中夏（2022b），“发展中国家债务处置需要加强各债权人的协调”，中国金融四十人论坛，2022 年 11 月 5 日，北京。

[7] 李若谷（2007），“正确认识发展中国家债务可持续问题”，世界经济与政治，2007 年第 4 期，63-72。

[8] 刘方平（2019），“中国对外援助 70 年：历史进程与未来展望”，西南民族大学学报（人文社会科学版），2019 年第 12 期。

[9] 刘昆（2020），“财政部长刘昆就二十国集团（G20）债务议程接受记者采访”，www.wjb.mof.gov.cn/gongzuodongtai/202011/

t20201120_3626461.htm.

[10] 王建业（2012），“人民币不完全兑换条件下的国际化”，“人民币、特别提款权与国际货币体系改革”,《债务、货币与改革》第12和17篇，中国金融出版社，北京，2012年5月。

[11] 王建业 等著（2022）,《建设绿色丝绸之路：中国海外电力投融资转型研究》，中国金融出版社，北京，2022年3月。

[12] 王建业（2022），“在低收入国家债务处置中发挥积极领导作用”，金融政策内参，广州国际金融研究院和广州市金融业协会编，2022年第10期，http://afr.gzhu.edu.cn.

[13] 许少民，李江（2019），“中国债务陷阱外交论的发展与谬误”，国际问题研究，2020（01）：40-53。

[14] 谢来辉（2019），“一带一路与全球治理的关系：一个类型学分析”，世界经济与政治，2019（01）：34-35，157-158。

[15] 严启发、成泽宇（2010）,《官方出口信用：理论与实践》，中国金融出版社，北京，2010年6月。

[16] 易纲（2022），“建设现代中央银行制度”，中国人民银行，2022年11月，www.pbc.org.cn.

[17] 余南平、王心志（2013），“国际发展援助的新兴力量——以印度对外援助模式为分析视角”，南亚研究，2013年第4期。

[18] 袁然，熊婉婷，肖立晟（2022），“中国对‘一带一路’国家主权债务影响研究新进展”，银行家，2022（1）:114-125。

[19] 张郁慧（2012），《中国对外援助研究：1950-2010》，九州出版社，2012。

[20] 张中祥（2019），“中国对外援助为什么会遭到前所未有的质疑”，武汉大学学报（哲学社会科学版）72卷第3期。

[21] 赵剑治、敬又嘉、欧阳喆（2018），“新兴援助国对外发展援助的治理结构研究：基于部分金砖国家的比较分析”，中国行政管理，2018 年第 2 期。

[22] 中国出口信用保险公司编译（2021），《演进中的君子协定：官方支持出口信贷国际规则的研究》，中国金融出版社，北京，2021 年 5 月。

[23] 中华人民共和国财政部（2019），《“一带一路”债务可持续分析框架》，北京，2019 年 4 月，www.mof.gov.cn/czxw/201904/t20190425_3234663.htm.

[24] 中华人民共和国国务院新闻办公室（2011），《中国对外援助》，人民出版社，北京，2011 年 4 月。

[25] 中华人民共和国国务院新闻办公室（2014），《中国对外援助（2014）》白皮书，2014 年 7 月，www.cidca.gov.cn/2018-08/06/c_129925028.htm.

[26] 中华人民共和国国务院新闻办公室（2021），《新时代的中国国际发展合作》白皮书，2021 年 1 月，http://www.scio.gov.cn/zfbps/32832/Document/1696685/1696685.htm.

[27] 中华人民共和国国务院新闻办公室（2021），《新时代的中非合作》白皮书，2021 年 11 月，www.gov.cn/zhengce/2021-11/26/content_5653540.htm.

[28] 周小川（2017），“共商共建‘一带一路’投融资合作体系”，中国金融，2017 年第 9 期。

[29] 周一帆（2022），“美欧日 WTO 补贴规则改革方案评析及中国应对”，太平洋学报，第 30 卷，第 7 期。

[30] 周玉渊（2020），“中国在非洲债务问题的争论与真相”，

西亚非洲，2020（01）:3-26。

[31] 朱隽（2018),《金融业开放和参与全球治理》，中国金融出版社，北京，2018 年 1 月。

[32] Acker, Kevin, Deborah Brautigam, Yufan Huang (2020), “Debt relief with Chinese Characteristics”, Johns Hopkins University, School of Advanced International Studies, China Africa Research Initiative Working Paper No.39. http://www.sais-cari.org.

[33] Acker, Kevin, Deborah Brautigam, and Yinxuan Wang (2021), “Global Debt Relief Dashboard: Tracking Chinese Debt Relief in the Covid-19 era”, Johns Hopkins University, SAIS- CARI. http://www.sais-cari.org.

[34] Ahmed, Masood and Hannah Brown (2022), “Fix the Common Framework for Debt Before too Late”, January 18, 2022, Center for Global Development blog. http://www.cgdev.org.

[35] Adugna, Abebe, Rocio Castro, Boris Gamarra, and Stefano Migliorisi, (2011), “Finance for Development: Trends and Opportunities in a Changing Landscape”, CFP Working Paper, No. 8. www.documentsl.worldbank.org/curated/en/321031468337241191/pdf/680730NWPOBox30ensandOpptunities.pdf.

[36] Akyuez, Yilmaz and Andrew Cornford (1999), “Capital Flows to Developing Countries and the Reform of the International Financial System”, UNCTAD/OSG/DP/143.

[37] Ben Yishay, Ariel, Bradly Parks, Daniel Runfola, Rachel Trichler (2016). “Forest Cover Impacts of Chinese Development Projects in Ecologically Sensitive Areas,” AidData Working Paper 32.

Williamsburg, VA: Aiddata at William and Mary. https://aiddata.org/publications/.

[38] Bluhm, R., Dreher, A., Fuchs, A., Parks, B., Strange, A.M., Tierney, M.J. (2020). "Connective Financing: Chinese Infrastructure Projects and the Diffusion of Economic Activity in Developing Countries". AidData Working Paper 103. Williamsburg, VA: Aiddata at William and Mary, https://aiddata.org/publications/.

[39] Bon, Gatien and Gong Cheng(2021), "China's Debt Relief Actions Overseas and Macroeconomic Implications," Working Paper 27. Paris: University of Paris Nanterre. https://papers.ssrn.com.

[40] Brautigam, Deborah (2020), "A Critical Look at Chinese 'Debt-trap Diplomacy': the Rise of a Meme", Area Development and Policy. Vol. 5, No.1. https://www.researchgate.net/publication/337816614.

[41] Brautigam, Deborah, and Yufan Huang (2021a). "What Is the Real Story of China's 'Hidden Debt'?" SAIS-CARI Briefing Paper No. 6, 2021. http://wwwsais-cari.org/publicatons-briefing-papers.

[42] Brautigam, Deborah and Yinxuan Wang (2021b), "Zambia's Chinese Debt in the Pandemic Era", SAIS-CARI Briefing Paper No.5, 2021. http://www.sais-cari.org/publications-briefing-papers.

[43] Brazys, Samuel, Johan A. Elkink, and Gina Kelly (2017). "Bad neighbors? How co-located Chinese and World Bank development projects impact local corruption in Tanzania." The Review of International Organizations, Vol. 12 (2), 227-253.

[44] Bretton Woods Committee (2022), “Debt Transparency, the Essential Starting Point for Successful Reforms” , https://www.brettonwoods.org.

[45] Bulow, Jeremy and Kenneth Rogoff (2005), “Grants versus Loans for Development Banks” , American Economic Review, Vol. 95, No. 2, Papers and Proceeds, 393-397.

[46] Calvo, G., Leiderman, L. and C. Reinhart (1996), “Capital Flows to Developing Countries in the 1990s: Causes and Effects” , Journal of Economic Perspectives, 10, Spring 1996, 123-139.

[47] Chellaney, Brahma (2017). “China's Debt Trap Diplomacy” . Project Syndicate. January 23, 2017.

[48] Chabert, G., M. Cerisola, and D. Hakura (2022), “Restructuring Debt of Poor Nations Requires more Efficient Coordination” , IMF Blog, www.blogs.imf.org/2022/04/07/restructuring-debt-of-poor-nations-requires-more-efficient-coordination/.

[49] Chen, Yunnan and David G. Landry (2016), “Capture the Gains: a Comparative Study of Chinese Involvement in Cameroon's Hydropower Sector” , Johns Hopkins University, SAIS-CARI Working Paper No. 6, http://www.sais-cari.org.

[50] Cline, William R. (1995), International Debt Reexamined, Washington: Institute of International Economics.

[51] Cormier, Ben (2022). “Chinese or Western Finance? Transparency, Official Credit Flows, and the International Political Economy of Development.” The Review of International Organizations.

[52] Cornford, Andrew (1996), “The Tobin Tax: a Silver Bullet

for Financial Volatility, Global Cash Cow or Both?” UNCTAD Review, 1996.

[53] Cruces, Juan J., and Christoph Trebesch (2013). “Sovereign Defaults: The Price of Haircuts.” American Economic Journal: macroeconomics, vol. 5 (3), 85-117, July 2013.

[54] Cruzatti C, John, Axel Dreher, and Johannes Matzat (2020). “Chinese Aid and Health at the Country and Local Level,” CESifo Working Paper No. 8352, Munich, https://www.cesifo.org/publicatons/.

[55] Custer, Samantha, Dreher, A., Elston, T. B., Fuchs, A., Ghose, S., Lin, J., Malik, A., Parks, B. C., Russell, B., Solomon, K., Strange, A., Tierney, M. J., Walsh, K., Zalesi, L., and Zhang, S. (2021). “Tracking Chinese Development Finance: An Application of AidData’s TUFF 2.0 methodology.” Williamsburg, VA: AidData at William & Mary.

[56] de Soyres, F., A. Mulabdic, S. Murray, N. Racha, M. Ruta (2018), “How Much Will the Belt and Road Initiative Reduce Trade Costs?” Policy Research Working Paper No. 8614, World Bank, https://openknowlege.worldbank.org/handle/10986/30582.

[57] Development Assistance Committee (2018), “Revised DAC Recommendation on Untying ODA”, DCD/DAC (2018) 33/FINAL, www.one.oecd.org/document/DCD/DAC/(2018)33/FINAL/en/pdf/.

[58] Development Assistance Committee (2022), “2022 Report on the Implementation of the DAC Recommendation on Untying Aid”, DAC(2022)34/FINAL, www.one.oecd.org/document/DCD/DAC(2022)34/FINAL/en/pdf.

[59] Diwan, Ishac, and Shang-Jin Wei (2022), “China’s

Developing Countries' Debt Problem" , Finance for Development Lab, https://findevlab.org/chinas-developing-countries-problem/.

[60] Dollar, David (2018), "Is China's Development Finance a Challenge to the International Order?" , Asian Economic Policy Review, Vol. 13, No. 2, 283-298, https://doi.org/10.1111/aepr.12229.

[61] Dorsey, Thomas, Helaway Tadesse, Sukhwinder Singh, Zuzana Brixiova (2008), "The Landscape of Capital Flows to Low-income Countries" , IMF Working Paper WP/08/51, www.imf.org/en/Publications/WP/Issues/2016/12/31/The-landscape-of-capital-flows-to-low-income-countries.

[62] Dreher Axel, Andreas Fuchs, Bradley Parks, Austin Strange, and Michael J. Tierney (2017), "Aid, China and Growth: Evidence from a New Global Development Finance Dataset" , AidData Working Paper #46, Williamsburg, VA: AidData at William & Mary.

[63] Dreher, Axel, Andreas Fuchs, Bradley Parks, Austin Strange, and Michael J. Tierney (2022). Banking on Beijing: The Aims and Impacts of China's Overseas Development Program, Cambridge University Press.

[64] Eichenauer, Vera Z., Andreas Fuchs, and Lutz Brückner (2021). "The Effects of Trade, Aid, and Investment on China's Image in Latin American Countries," Journal of Comparative Economics, vol. 49 (2), 483-498.

[65] Eichengreen, Barry, Camille Macaire, Arnaud Mehl, Eric Monnet, Alain Naef (2022), "The Renminbi's Unconventional Route to Reserve Currency Status" , October 31, 2022, https://cepr.org/

voxeu/columns/renminbis-unconventional-route-reserve-currency-status.

[66] Financial Stability Board (2011), "Financial Stability Issues in Emerging Market and Developing Economies: Report to the G-20 Finance Ministers and Central Bank Governors", http://www.financialstabilityboard.org/publications/r_111019.pdf.

[67] Fischer, Stanley (1999), "On the Need for an International Lender of Last Resort", http://www.imf.org/external/np/speeches/1999.

[68] G20 (2020), "Statement: Extraordinary G20 Finance Ministers and Central Bank Governors' Meeting 13 November 2020 (virtual)," Saudi Arabia, www.g20.org.

[69] G20 (2022a), "Communique: G20 Finance Ministers and Central Bank Governors Meeting 17-18 February 2022," Jakarta, Indonesia, www.g20.org.

[70] G20 (2022b), "G20 Bali Leaders' Declaration", Bali, Indonesia, November 15-16, 2022, www.g20.org.

[71] G24 Intergovernmental Group on International Monetary Affairs and Development (2020), October 13, 2020 Statement, www.g24.org.

[72] Gelpern, Anna, Sebastian Horn, Scott Morris, Brad Parks, Christoph Trebesch (2022), "How China Lends: A Rare Look into 100 Debt Contracts with Foreign Governments", Economic Policy, November 2022, https://doi.org/10.1093/epolic/eiac054.

[73] Goodhart, Charles and Manoj Pradhan (2020), The Great Demographic Reversal: Ageing Societies, Waning Inequality, and

Inflation Reversal, Palgrave Macmillan, London, UK, 2020.

[74] Griffith-Jones, Stephany (2022), "The Role Public National Development Banks Play in the Structural Transformation of Developing Countries", UNCTAD/BRI Project/PB01, www.unctad.org/system/files/information-document/BRI-Project_policy-brief-01_en.pdf.

[75] Guo, Shiqi and Haicheng Jiang (2021), "Chinese Aid and Local Employment in Africa", AidData Working Paper 107, https://docs.aiddata.org/ad4/pdfs/WPS107.

[76] Ha, Jogrim, M. Ayhan Kose, and Franziska Ohnsorge (2022), "From Stagflation to Debt Crises", July 12, 2022, https://voxeu.org/article/stagflation-debt-crises.

[77] Hernandez, D. (2017). "Are New Donors Challenging World Bank Conditionality?" World Development, Vol. 96, 529–549.

[78] Horn, Sebastian, Carmen M. Reinhart, Christoph Trebesch (2020), "How Much Money Does the World Owe China?", Harvard Business Review, February 2020.

[79] Horn, Sebastian, Carmen M. Reinhart, Christoph Trebesch (2021), "China's Overseas Lending", Journal of International Economics, Vol. 133, 2021, https://doi.org/10.1016/j.jinteco.2021.103539.

[80] Horn, Sebastian, Carmen M. Reinhart, Christoph Trebesch (2022), "Hidden Defaults", American Economic Review Papers & Proceedings, 112:531-535.

[81] Hsiang, Solomon, and Nitin Sekar (2016). "Does Legalization Reduce Black Market Activity? Evidence from a Global Ivory Experiment and Elephant Poaching Data." NBER Working Paper 22314, https://

www.nber.org/papers/w22314.

[82] Humphrey, Chris, and Katharina Michaelowa (2019). "China in Africa: Competition for Traditional Development Finance Institutions?" World Development, Vol. 120, 15-28.

[83] Hurley, John, Scott Morris, and Gailyn Portelance (2018). "Examining the Debt Sustainability Implications of the Belt and Road Initiative from a Policy Perspective", CGD Policy Paper 121, http://www.cgdev.org.

[84] Institute of International Finance (2020), "Terms of Reference to Facilitate Effective, Voluntary Private Sector Participation in the DSSI", www.iif.org.

[85] International Development Association (2019), "IDA's Non-concessional Borrowing Policy: 2019 Review", www.documents1.worldbank.org.

[86] International Monetary Fund (2012), "The Liberalization and Management of Capital Flows: An Institutional View", Washington D.C.: International Monetary Fund, www.imf.org.

[87] International Monetary Fund (2020a), "The International Architecture for Resolving Sovereign Debt Involving Private-sector Creditors—Recent Developments, Challenges, and Reform Options", Policy Paper No. 2020/043, www.imf.org/en/Publications/.

[88] International Monetary Fund (2020b), "The Role of State-Contingent Debt Instruments in Sovereign Debt Restructurings", IMF Staff Discussion Note, SDN/20/06, www.imf.org/en/Publicatons/.

[89] International Monetary Fund (2021), "Guidance Note On

Implementing The Debt Limits Policy In Fund Supported Programs", www.imf.org/en/Publications/Policy-Papers/.

[90] International Monetary Fund (2022), "Review of Fund's Sovereign ARREARS Policy and Perimeter", http://www.imf.org/en/Publicatons/Policy-Papers/Issues/2022/05/18/.

[91] International Monetary Fund and World Bank (2020), "Collateralized Transactions: Key Considerations for Public Lenders and Borrowers", Policy Paper No, 2020/010, www.imf.org/en/Publications/Policy-Papers/.

[92] Jones, Lee, and Shahar Hameiri(2020). "Debunking the Myth of 'Debt-trap Diplomacy': How Recipient Countries Shape China's Belt and Road Initiative", London: Chatham House, http://www.chathamhouse.org.

[93] Kairy, Shanto (2021), "Chinese Debt Trap Diplomacy: The Debate and the Gaps in the Literature", Modern Diplomacy, November 12, 2021, https://moderndiplomacy.eu/2021/11/12.

[94] Kessler, Martin, and Charles Albinet (2022), "The Coming Debt Crisis", Finance for Development Lab, https://findevlab.org/the-coming-debt-crisis.

[95] Kilama, Eric Gabin (2016). "The Influence of China and Emerging Donors Aid Allocation: A Recipient Perspective", China Economic Review, Vol. 38, 76-91.

[96] Kitano, Naohiro and Yumiko Miyabayashi (2020), "Estimating China's Foreign Aid: 2019-2020 Preliminary Figures", JICA Ogata Research Institute project, December 2020, https://www.

jica.go.jp/jica-ri/publication/.

[97] Kratz, Agatha, Allen Feng and Logan Wright (2019), "New Data on the 'Data Trap' Question", Rhodium Group, April 2019, https://rhg.com.

[98] Kratz, Agatha, Mathew Mingey, Drew D'Alelio (2020), "Seeking Relief: China's Overseas Debt after Covid-19", Rhodium Group, October 2020, https://rhg.com.

[99] Krueger, Anne O. (2002), "A New Approach to Sovereign Debt Restructuring", International Monetary Fund, Washington, D.C., https://www.imf.org.

[100] Lee, Nancy (2022), "A Study of Near Billion Public and Private Infrastructure Finance in Sub-Saharan Africa", 02/09/2022, www.cgdev.org/publication/.

[101] Lee, Nancy, and Asad Sami (2019), "Trends in Private Capital Flows to Low-income Countries: Good and not so Good News", Center for Global Development Policy Paper #151, www.cgdev.org/publications/.

[102] Mackenize, George A. and Peter Stella (1996). "Guasi-fiscal Operations of Public Financial Institutions", IMF Occasional Paper No. 1996/008, www.imf.org/en/Publications/.

[103] Malik, Ammar A., Parks, B., Russell, B., Lin, J., Walsh, K., Solomon, K., Zhang, S., Elston, T. and S. Goodman (2021), "Banking on the Belt and Road: Insights from a New Global Dataset of 13,427 Chinese Development Projects", Williamsburg, VA: AidData at William & Mary.

[104] Martorano, Bruno, Laura Metzger, and Marco Sanfilippo (2020). “Chinese Development Assistance and Household Welfare in Sub-Saharan Africa.” World Development, Vol. 129, May 2020, 104904.

[105] Marty, R., Goodman, S., LeFew, M., Dolan, C., BenYishay, A., Rufola, D.(2019). “Assessing the Causal Impact of Chinese Aid on Vegetative Land Cover in Burundi and Rwanda under Conditions of Spatial Imprecision”, Development Engineering 4, Article 100038.

[106] Moody’s Investment Service (2018). “China’s Lending Supports Growth, Exacerbates Fiscal and External Pressures in Sub-Saharan Africa”, November 14, 2018, https://www.moodys.com/research/Sovereigns-Africa-Chinas-lending-supports-growth-exacerbates-fiscal-and-exteral--PBC_1140489.

[107] Morris, Scott, Brad Parks, and Alysha Gardner (2020). “Chinese and World Bank Lending Terms: A Systematic Comparison across 157 Countries and 15 Years,” Center for Global Development, CDG Policy Paper 170, http://www.cgdev.org.

[108] Moyo, Dambisa (2010). Dead Aid, Farrar, Straus & Giroux (USA); 丹比萨 . 莫约 ,《援助的死亡》，王涛、杨惠译，世界知识出版社，2010 年版。

[109] Munemo, Jonathan (2021). “Do African Resource Rents Promote Rent-seeking at the Expense of Entrepreneurship?” Small Bus Econ 58, 1647–1660 (2022), https://doi.org/10.1007/s11187-021-00461-0.

[110] Musacchio, Aldo, Sergio Lazzarini, Pedro Makhoul, and Emily Simmons (2017), “The Role and Impact of Development

Banks: A Review of Their Founding, Focus, and Influence”, Brandeis International Business School, Insper Institute of Education and Research, www.people.brandeis.edu/~aldom/papers/The%20Role%20and%20Impact%20Development%20Banks%20-%203-9-2017.pdf.

[111] Mwase, Mkunde and Yongzheng Yang (2012), “When Resources Come from ‘Partners’ Instead of ‘Donors’,” IMF Survey, http://www.imf.org/external/pubs/ft/survey/so/2012/po1061912a.htm.

[112] Neiman, Brent (2022), “Remarks by Counselor to the Secretary of Treasury Brent Neiman at the Peterson Institute of International Economics”, https://www.piie.com/events/.

[113] OECD (2018), “China’s Belt and Road Initiative in the Global Trade, Investment and Finance Landscape”, Chapter 2 in OECD Business and Finance Outlook 2018, Paris, OECD Publishing, 2019.

[114] Onjala, Joseph (2018), “China’s Development Loans and the Threat of Debt Crisis in Kenya”, Development Policy Review, Vol. 36, Issue. S2, 2018.

[115] Qian, Ying (2021), “Brady Plan and the Potential Debt Restructuring in the Post-pandemic Era”, Global Development Policy Center, GCI Working Paper, 018.09/2021, https://www.bu.edu/2021/09.

[116] Reinhart, Carmen M., and Christoph Trebesch (2016). “Sovereign Debt Relief and Its Aftermath.” Journal of the European Economic Association, Vol.14 (1), 215-251, February 2016.

[117] Sanchez-Munoz, Carlos, Silvia Matei, and Kristy Howell (2021), “The World’s Top Recipients of Foreign Direct Investment”, IMF Blog, December 16, 2021, www.imf.org.

[118] Schleich, Juliette (2021), "Evolution of the Arrangement on Officially Supported Export Credits", TAD/PG(2021)7, July 6, 2021. www.oecd.org.

[119] Scott, Simon (2017), "The Grant Element Method of Measuring the Concessionality of Loans and Debt Relief", OECD Development Center Working Paper No. 339, www.oecd.org/officialdocuments/publicdisplaydocumentpdf/?cote=DEV/DOC/WKP(2017)5&docLanguage=En.

[120] Singh, Ajit (2021), "The Myth of 'Debt-trap Diplomacy' and Realities of Chinese Development Finance", Third World Quarterly, 42 (2): 239–253.

[121] Staff of the IMF, OECD, World Bank, and WTO (2022), "Subsidies, Trade, and International Cooperation", wto.org/english/news_e/news22_e/igo_22apr22_e.pdf.

[122] Stephens, Malcolm (1999), "The Changing Role of Export Credit Agencies", International Monetary Fund, Washington D.C., 1999.

[123] Strange, A.M., Dreher, A., Fuchs, A., Parks, B., Tierney, M.J.(2017). "Tracking Underreported Financial Flows: China's Development Finance and the Aid–Conflict Nexus Revisited", Journal of Conflict Resolution, 61, 935–963.

[124] Sturzenegger, Federico, and Jeromin Zettelmeyer (2007). "Debt Defaults and Lessons from a Decade of Crises", MIT Press.

[125] Tang, Keyi, and Yingjiao Shen (2020). "Do China-financed Dams in Sub-Saharan Africa Improve the Region's Social Welfare? A

Case Study of the Impacts of Ghana's Bui Dam". Energy Policy, Vol. 136, January 2020.

[126] Tyson, Judith, Stephany Griffith-Jones, and Dirk Willem te Velde, (2014), "Post-crisis Trends in Private Capital Flows to Developing Countries", Overseas Development Institute, London, http://wwwodi.org/publications/8712-post-crisis-trends-private-capital-flows-developing-countries.

[127] UNCTAD (2016), "The Role of Development Banks in Promoting Growth and Sustainable Development in the South", www.unctad.org/system/files/official-document/gdsecidc2016d1_en.pdf.

[128] UNCTAD (2020a), "From Great Lockdown to Great Meltdown: Developing Country Debt in Time of Covid-19", Trade and Development Report Update, www.unctad.org.

[129] UNCTAD(2020b), "Trade and Development Report 2020—From Global Pandemic to Prosperity for All: Avoiding Another Lost Decade", September 2020, www.unctad.org.

[130] United Nations (2022), "Financing for Sustainable Development Report 2022", by Inter-agency Task Force on Financing for Development, New York, https://developmentfinance.un.org/fsdr2022.

[131] V20 (2022), "V20 Debt Review: An Account of Debt in the Vulnerable Group of 20", https://www.V-20.org/resources/V-20-debt-review/.

[132] Vasquez, Ian (1996), "The Brady Plan and Market-based Solutions to Debt Crises", Cato Journal, Vol.16, No.2 (Fall 1996).

[133] Wang, Jian-Ye, Mario Mansilla, Yo Kikuchi, and Siddhartha Choudhury (2005), "Officially Supported Export Credits in a Changing World, International Monetary Fund", Washington D.C., 2005.

[134] Wang, Jian-Ye (2007), "What Drives China's Growing Role in Africa?" International Monetary Fund, Working Paper WP/07/211, https://www.imf.org.

[135] Wellner, Lukas, Axel Dreher, Andreas Fuchs, Bradley Parks, Austin M. Strange (2022). "Can Aid Buy Foreign Public Support? Evidence from Chinese Development Finance," Kiel Working Paper No. 2214, Kiel Institute for the World Economy, http://hdl.handle.net/10419/251752.

[136] World Bank (2021a), "A Changing Landscape: Trends in Official Financial Flows", www.thedoc.worldbank.org/en/doc/.

[137] World Bank (2021b), "Debt Transparency in Developing Economies", documents.worldbank.org/en/publication/.

[138] World Bank (2022), "Enhancing Debt Transparency by Strengthening Public Debt Transaction Disclosure Practices", openknowledge.worldbank.org/handle/10986/37420.

[139] Xu, Z., Zhang, Y., Sun, Y. (2020). "Will Foreign Aid Foster Economic Development? Grid Panel Data Evidence from China's Aid to Africa", Emerging Markets Finance and Trade, 56, 3383 – 3404.

[140] Zeitz, Alexandra O. (2021). "Correction to: Emulate or Differentiate? Chinese Development Finance, Competition, and World Bank Infrastructure Funding", The Review of International Organizations, 16, 933-938.

附 录

附录一 “君子协定”和 WTO反补贴协定

一、OECD《官方支持出口信贷的安排》

1978 年 4 月，在七国集团前期形成的共识基础上，第一版 OECD《官方支持出口信贷的安排》生效。该协定对参与国不具备强制约束力，故被称为“君子协定”。

（一）适用范围

“君子协定”约束的主体是政府部门和代表政府的机构，主要是各国的官方出口信用机构（ECA）。[①] “君子协定”约束的业务有两类。一是“出口信贷”，包括出口融资（仅指买方信贷，不涉及卖方信贷）和出口信用保险。二是“约束性贷款”，包括要求受援国购买援助国产品和服务的官方发展援助（ODA）贷款、赠与以及混合援助。

“君子协定”要求各参与国就出口信贷和约束性援助形成互补政策达成一致。出口信贷政策建立在公平竞争和自由发挥市场

① 由于各国政策性业务布局不同，因此各国 ECA 经营形式也不尽相同，有出口信用保险机构（如中国信保、意大利信保）、银行机构（如中国和美国的进出口银行）、商业机构代理的政府账户（如裕利安怡集团德国官方账户）等。

作用的基础上。约束性援助政策为没有或缺乏市场融资渠道的国家、经济部门或项目提供所需的外部资源，因此必须尽可能优惠，确保所提供资金价值的最大化、贸易扭曲的最小化，使这些资源对促进受援国发展产生实效。

（二）主要条款

1. 出口信贷

预付款、最大官方支持和当地费用：要求官方支持的货物和服务的买方支付不低于出口合同金额 15% 的预付款，即参与国提供的最大官方支持不应超过出口合同金额的 85%。参与国可对当地费用进行官方支持，但不应超过出口合同金额的 50% 且与其他相关出口获得的支持相比，不应更优惠。

最长还款期：依据目的国分类而有所不同，高收入（OECD）国家最长还款期为 8.5 年；其余所有国家最长还款期为 10 年。若出口合同涉及多个进口国，参与国应按照设定程序，就适当的还款期寻求共同谅解。

最低固定利率：要求参与国在提供官方固定利率贷款融资支持时采用相关的商业参考利率（CIRR）作为最低利率。CIRR 确立的原则包括：代表所涉及货币在其国内市场上的最终商业利率；与国内一流借款人适用的利率保持同等水平；尽量与国外一流借款人可获得的利率保持同等水平。

最低基准保费：参与国收取的保险费用不得低于最低基准保费，否则将被视为违反协定。

2. 约束性援助

国家资格：人均国民总收入（GNI）属中低收入以下国家才有资格获得约束性援助。世界银行每年更新划分标准，当一国在世界银行的分类连续两年不变后，该国才能被重新分类。

项目资格：要求不对通常商业（按照市场原则合理定价）可行的公共和私营项目提供约束性援助。

最低优惠度要求："君子协定"规定约束性援助的优惠度不得低于 35%，当受惠国是最不发达国家时，优惠度不得低于 50%。

（三）信息披露

"君子协定"为参与国就内部沟通和对话制定了机制，构建了一套通知、匹配、共同谅解、信息交换和审查制度，内容涵盖各参与国官方出口信用机构提供的贷款和援助的利率、期限、条款等多个方面，目的是尽可能地提升"君子协定"条款内容和运作程序的透明度，促使参与国遵守"君子协定"各项条款。其中附件 7 要求参与国在"通知"程序中需要包括常规信息（基本信息、买方与借款方或担保方信息、出口货物或服务或项目的信息、融资条款信息四个方面共 48 项具体信息），以及其他条款涉及的共 160 余项补充信息。

（四）行业谅解

考虑到部分行业项目融资结构较为复杂、风险敞口较高，或对环境、社会产生负面影响，因此，"君子协定"参与国之间达成行业谅解，针对特定行业规定官方支持融资条件。2022 年 1 月版"君子协定"中，共有船舶、核电站、民用航空器、可再生能源 / 减缓和适应气候变化 / 水资源项目、铁路五大行业谅解。

（五）"君子协定"的发展演变

"君子协定"自成立以来并非一成不变。进入 21 世纪，尤其是 2008 年国际金融危机后，国际经贸格局发生重大变化，全球化推动跨国供应链的形成与调整，"君子协定"通过不断修改与时俱进。如加大当地费用支持，“君子协定”2008 年将官方支持当地费用的最高额度从出口合金额的 15% 调高至 30%，2022 年进一步调高至 50%（高收入国家 45%）。又如行业谅解，2003—2016 年“君子协定”共形成 6 个行业谅解。全球形成应对气候变化、实现“碳中和”的共识后，“君子协定”不再支持燃煤电站，燃煤发电行业谅解从 2022 年版“君子协定”删除。

二、WTO《补贴与反补贴措施协定》

《关税及贸易总协定》（GATT）乌拉圭回合谈判达成《补贴与反补贴措施协定》（SCM 协定）。1994 年，WTO 正式成立，SCM 协定作为 WTO 一揽子协议的组成部分，对 WTO 所有成员具有普遍强制性约束力。

（一）SCM 协定对补贴的认定

根据 SCM 协定，补贴是“一成员政府或公共机构向其辖区内的一个或一组企业或产业提供的财政资助或采取 GATT 第 16 条规定的任何形式的收入或价格支持以及因此而授予的利益”。WTO 认定一项行为是否构成补贴的依据主要是：提供者是否是政府或公共机构、行为是否构成财政资助、行为是否构成利益授予。

SCM 协定列举了财政资助的四种形式：政府进行直接或潜在的资金或债务转移；税收抵免；政府提供除基础设施外的货物或服务，或购买货物；政府通过其他机构履行上述职能，间接地提供补贴。

（二）禁止性补贴

SCM 协定将补贴划分为禁止性补贴、可诉性补贴和不可诉性补贴。其中不可诉性补贴条款已于 1999 年底终止，因此目前事实上只有禁止性补贴和可诉性补贴。

禁止性补贴通常被称为“红灯补贴”，是 SCM 协定中明确禁止成员授予或维持的补贴行为。禁止性补贴具有专向性，会直接扭曲进出口贸易，主要包括两种：出口补贴和进口替代补贴。出口补贴是政府为了鼓励出口给予出口商现金津贴或财政优惠，此行为不正当地提高了本国产品在国际市场上的竞争力。SCM 协定的附件一《出口补贴例示清单》进行了一一列举。进口替代补贴指政府给予以国产产品替代进口产品的国内使用者或替代产品的生产者的补贴。进口替代补贴使外国产品在与受补贴的国产产品的竞争中处于劣势，客观上阻碍了外国产品进入本国市场。对于禁止性补贴，成员可以在 WTO 争端解决程序下提起申诉，如果争端解决程序确认该补贴是禁止性补贴，即使没有给其他成员造成损害，也必须立即将其撤销且其他成员可以采取抵销补贴的措施。

SCM 协定同时规定了补贴的专向性标准。一是法律专向性。授予补贴的机构或其运行所根据的法律将授予补贴明确限于某些企业，则这样的补贴具有法律专向性。二是事实专向性。如果一项补贴不具有法律专向性，但是由于该项补贴被有限数量的特定企业所使用，或者主要由特定的企业使用，或者该项补贴中的大部分比例被授予特定企业，则这样的补贴可能具有事实上的专向性。三是地区专向性。补贴授予了指定地理区域的特定企业。

可诉性补贴指“可能被诉”的补贴行为，也被称为“黄灯补贴”。通俗来讲，可诉性补贴是除出口补贴和进口替代补贴外在一定范围内可以实施的补贴，但如果使用此类补贴的成员在实施过程中对其他成员的经济利益造成了损害，则受损的成员可以提起申诉。SCM 协定的第 5 条、第 6 条对使用可诉补贴的“度”作出了具体界定。对于可诉性补贴，申诉方可以利用 WTO 争端解决程序寻求撤销补贴或消除补贴的不利影响，但申诉方必须证明补贴对其利益造成了不利影响，否则补贴是被允许的。

三、“君子协定”与SCM协定的关系

SCM 协定的附件一《出口补贴例示清单》（以下简称清单）用列举的方式说明了哪些措施属于出口补贴。其中，清单（K）项规定了对官方出口信贷构成出口补贴的一定程度上的豁免。

清单（K）项第一段明确了出口补贴的范畴：“政府（或政府控制的和 / 或根据政府授权活动的特殊机构）给予的出口信贷，利率低于它们使用该项资金所实际应付的利率（或如果它们为获得相同偿还期和其他信贷条件且与出口信贷货币相同的资金而从国际资本市场借入时所应付的利率），或它们支付的出口商或其他金融机构为获得信贷所产生的全部或部分费用，只要这些费用保证在出口信贷方面能获得实质性的优势。”

清单（K）项第二段专门为“君子协定”设定了“安全岛”例外条款。即如果 WTO 成员属于某一官方出口信贷的国际承诺参与方，且截至 1979 年 1 月 1 日至少有 12 个本协定创始成员属该国际承诺的参与方（或创始成员所通过的后续承诺），或如果一成员实施相关承诺的利率条款，则符合这些条款的官方出口信贷做法，不得视为本协定所禁止的出口补贴。

综上所述，OECD“君子协定”的参与方或实施“君子协定”利率条款的 WTO 成员的出口信贷不被视为 WTO SCM 协定的禁止性出口补贴。

附录二 中国的对外援助与商业信贷

一、发展援助（赠款，无息贷款）

20 世纪五六十年代，在国内建设困难重重的情况下，我国仍对发展中国家提供大量援助。仅坦赞铁路一项，我国就提供了约 9.9 亿元无息贷款和近 1.1 亿元无偿援助，而 1967 年协议签订时全国财政收入仅 420 亿元。到 70 年代，基于发展中国家的期望和要求，我国援外支出进一步增加，占财政支出比重平均达到 4.6%，1973 年最高达到 6.9%。[①]

70 年代末改革开放以后，国内工作的中心转向经济建设，援外占财政支出的比重逐步降低。与此同时，随着我国对外经贸和国际合作的扩展，以及国内金融和市场体系的不断完善，更具商业性质的国际借贷如项目贷款日益成为对外债权的重要组成部分。除官方出口信用机构、商业银行、国有企业、上市公司也都参与到对发展中国家的债权债务关系中来。

2013 年末，中国提出了“一带一路”倡议，并开启了对外援助的新时代。这一时期的对外援助有以下特点。一是在援助对象的选择上，更加倾向于帮助最贫困和最不发达国家。二是在援助

① 张郁慧（2012），刘方平（2019）。

效应上，中国援外开始追求包括发展、安全、环境和人文在内的综合效应，而不仅仅是侧重于政治或者经济效益。三是在援助的金额上，援外规模大幅增加。根据2021年发布的《新时代的中国国际发展合作》白皮书，2013—2018年中国对外援助金额为2702亿元人民币，高于1949—2009年2563亿元的总和，涵盖亚洲、非洲、拉丁美洲、大洋洲和欧洲等地区122个国家和20个多边组织。其中，无偿援助1278亿元人民币，占对外援助总额的47.3%，重点用于建设中小型社会福利项目及技术合作、物资援助、人道主义援助等。无息贷款113亿元人民币，占对外援助总额的4.2%，主要用于建设社会公共设施和民生项目。援外优惠贷款1311亿元人民币，占对外援助总额的48.5%，用于建设有经济社会效益的生产型项目和大中型基础设施，提供成套设备、机电产品、技术服务以及其他物资等。

二、官方支持的贷款（优贷，优买）

20世纪90年代中期，中国开始改革对外援助体制。当时，中国政府建立了对外援助部际协调系统，涉及一系列国家机关，包括商务部、外交部、国家外汇管理局、教育部和农业部等。1994年成立了三家政策性银行，其中，中国进出口银行主要负责“两优”贷款的发放，以及相关企业的贸易信贷及海外融资；国家开发银行在成立之初主要为国内基础设施、支柱产业及其他重要项目提供融资，2008年以后也开始为企业提供海外项目和投资贷款；而中国农业发展银行主要聚焦于解决国内“三农”问题。

中国进出口银行是专门支持中国企业“走出去”的官方出口

信贷机构，也是中国提供对外贷款的主要银行。在1995年的援外体制改革中，进出口银行成为援外优惠贷款（“优贷”）的唯一执行机构。当时，受对外援助额度限制，一些借款国由于收入水平划分不在受援国范围内，难以获得“优贷”，但双方又有着强烈的合作需求，于是进出口银行在2001年创立了条件优惠的买方信贷来满足其融资需求，并2004年正式确立为优惠出口买方信贷（“优买”）。进出口银行是全球最大的出口信贷机构之一。

进出口银行服务“一带一路”高质量发展、支持企业“走出去”等方面的贷款主要是“两优”贷款和自营（非“两优”）贷款。其中，“两优”贷款是中国政府给予发展中国家政府的优惠性资金安排，进出口银行是中国政府指定的“两优”贷款业务的承办行；自营贷款是为促进中国产品和技术出口、支持企业对外承揽工程，遵循市场化原则自主办理的业务。进出口银行在中国政府部门的指导下，充分发挥“两优”贷款的作用，在促进双边经贸往来和经济合作、改善发展中国家的基础设施、服务当地民生、提高人民生活水平等方面发挥了重要作用。

一般来说，“两优”贷款利率较低（2%~3%），还款期限长（15~20年）。宽限期只付利息，不还本金，一般为5年，最长不超过7年；还款期内每半年等额还款一次。贷款对象主要是政府及政府担保的企业。管理费按协议金额一定比例一次性收取，费率根据借款国经济实力确定，一般不超过1%。

三、商业性信贷

国家开发银行2008年从政策性银行改制为商业银行，挂牌“国家开发银行股份有限公司”，2015年列为开发性金融机构。

由于在支持中国企业进行海外业务及投融资方面的深度参与，国家开发银行实际上也对赴海外投资的中国企业发放非优惠贷款。截至 2017 年，国家开发银行总资产近 16 万亿元人民币（约合 2.4 万亿美元），成为全球最大的开发性金融机构和中国海外融资规模最大的银行。2018 年后，由于其部分海外借款人出现还款问题，国家开发银行海外业务逐步收缩。由于第 6.2 节分析的原因，国家开发银行境外贷款实质上是非官方、商业性贷款。

进出口银行自营贷款是贷款机构依法筹集资金、自主决策发放的贷款，其风险由贷款人承担，并由贷款人收回本金和利息。进出口银行自营贷款主要包括向境外借款人提供的促进中国产品、技术和服务出口的出口买方信贷（含主权和非主权），保障货物和服务进口、提高境外企业对华出口能力进口卖方信贷，以及对外承包工程贷款、境外投资贷款、国际经济合作贷款等。

除了国家开发银行和进出口银行“自营账户”贷款，中国工商银行、中国建设银行、中国银行等商业银行及其海外分行也参加对外贷款，主要是项目融资，但在中国对外贷款的占比小于国家开发银行和进出口银行。

四、对外贷款的效益和问题

过去几十年，中国的对外援助和官方支持的贷款对政治外交和国际经济合作作出了巨大贡献。首先，中国对外援助在特定历史条件下以有限的经济资源赢得了发展中国家朋友，拓展了我国的国际发展空间。其次，支持发展中国家的基础设施和工业化建设，增加了这些国家的发展潜力。最后，中国的对外贷款助力中国企业拓展海外市场，获得了可观的综合经济效益。

然而，中国规模巨大的对外贷款也面临诸多问题。一是债务问题。中国的贷款往往集中在基建领域，短期内经济社会效益不显著。若大规模的基础设施建设使得借款国政府债务较快积累，但该国财政和外汇收入没有相应增加，偿债压力将进一步加大。二是优惠度问题。中国“两优”贷款特别是“优买”的优惠度往往不满足国际规则中优惠度要求，属于多边机构定义的“非优惠贷款”，公开披露或将招致西方更多的“搭便车”指责。三是透明度问题。历史上中国在债务重组中双边谈判，不对外公布主权贷款相关信息，时常引发其他国家对透明度问题的质疑。

附录三　巴黎俱乐部

一、组织构架

巴黎俱乐部主席由法国财政部官员担任，秘书处设在法国财政部，其成员可分为三类。一是 22 个永久成员国，通常在巴黎俱乐部规则下与其他国家开展开放性对话，其债权由政府或官方信用机构持有。永久成员国为发达国家加上巴西、俄罗斯。二是特设参与国，也被称作临时参与国，指以临时参与者的身份参加谈判和月度研讨的参与国。特设参与国无否决权，承诺遵守巴黎俱乐部六项原则，多为发展中国家，中国也是特设参与国之一。[①]三是观察员。观察员能够出席谈判会议，但不参与讨论，也不签署任何正式协议。观察员包括 IMF 和世界银行等国际金融机构，中国人民银行自 2012 年起成为观察员。

二、基本原则

巴黎俱乐部并无一套成文的规则体系，其运作依据是长期实践中形成的一系列原则。**一是团结一致（Solidarity）**。重组过程

① 特设成员国（ad hoc members）包括阿布扎比酋长国、阿根廷、中国、捷克、印度、科威特、墨西哥、摩洛哥、新西兰、葡萄牙、沙特阿拉伯、南非、特立尼达和多巴哥、土耳其曾作为特设参与国参加谈判和月度研讨。

中，全体成员国是具有共同利益的集体，一国债权处置充分考虑对其他债权国的影响。**二是协商共识**（Consensus）。任何决议只有全部参与债权国一致同意才能生效和实施。**三是信息共享**（Information sharing）。债权国之间在互惠的基础上定期分享对债务国的债权信息，分享多边IMF和世界银行对债务国的债务可持续分析。为了保证债务处置的效率，处置过程中的细节信息不对外披露。**四是逐案处理**（Case by case）。针对每个债务国的不同情况，具体制订重组方案，一般不太强调先例的作用。**五是有条件性**（Conditionality）。重组的前提条件是东道国债务确已不可持续、需要债务减免并进行必要的经济改革。实践中，要求债务国经过IMF的债务可持续性评估，并与IMF达成经济调整改革计划。**六是待遇可比性**（Comparability of treatment）。尽管每个债权人的重组条件无法完全相同，但各债权人之间仍应保持重组待遇的相似性和可比性，特别是非巴黎俱乐部官方债权人和商业债权人不得优于巴黎俱乐部债权人。巴黎俱乐部采取多种方式评估重组方案的可比性，评估时考虑的因素主要包括名义债务额、净现值、还款支出占债务国外债比例、重组待遇的本质与特征（是否包括债权回购、具体的重组安排和还款计划等）以及债权人与债务国政府关系。从案例来看，巴黎俱乐部一般以重组后债务的净现值占原债务净现值的比重作为评判标准。

三、机制流程

巴黎俱乐部建立了较为固定的会议机制。除2月和8月外，每月举行月度研讨，由债权人讨论对各自债务国的债权情况和债务处理方法。会议期间，巴黎俱乐部也会与达到协商条件的债务国开展重组谈判。巴黎俱乐部债务重组流程涉及以下四个环节。

第一，债务国提出重组。巴黎俱乐部原则上只与已提出减债申请且债务不可持续的国家进行重组谈判。由于公开寻求重组对一国的国际信誉和今后能否在国际市场上顺利融资会产生重大影响，债务国一般只有在寻求双边或多边援助后仍不能解决债务问题时才会诉诸巴黎俱乐部。

第二，准备相关文件。债务国需详细说明重组的理由和考虑，提供本国经济和金融状况的详细描述和相关数据。根据条件限制原则，债务国按 IMF 要求进行经济改革是进入重组谈判程序的前提，因此债务国需提供和 IMF 谈判经济调整方案的进展，以及相关改革推进的情况。同时，债权国也需准备相关文件，说明对债务国国际收支状况和前景的看法，并对每一项重组债务明确愿意接受的调整限度。

第三，召开谈判会议。巴黎俱乐部永久成员国参加会议，个案涉及的其他官方债权人也可参会，但要获得永久成员国和债务国同意。IMF 等多边机构作为观察员参会，陈述对债务国经济和财政状况的看法。每次会议持续 1 天。会上首先由债务国提出相关诉求，多边机构和债权人发表观点，债权国可向债务国提问并要求其补充说明债务情况。随后，债权人单独开会，讨论重组方案有关事项，并提出对债务人的建议。债务人研究建议后向债权人反馈意见。谈判往往要经过多轮，直到所有相关方达成一致为止。

第四，签署协议。谈判会议形成一致意见后，债务人代表、债权人代表和会议主席将共同签署备忘录，约定重组的基本条件，并要求各债权人与债务国签订双边协议，以执行备忘录。双边协议一般在备忘录达成后6~8个月内签署，协议除包括备忘录中规定的条件外，还应对延期偿还利率、偿还期限等作出具体规定。未能签署双边协议视为仍在继续拖欠债务。

四、巴黎俱乐部重组特点

仅处理截止日（cut-off date）前的中长期债务。根据巴黎俱乐部定义，截止日是债务国首次与巴黎俱乐部债权人会面的日期。一般来说，巴黎俱乐部仅对截止日前的债务进行处置，以保证为债务国提供新资金支持的债权人权益不受重组影响。在同一债务国的多次债务重组中，截止日始终与第一次债务重组的截止日保持一致。另外，巴黎俱乐部不处置短期债务，仅处置一年以上的中长期债务。

减免通常为重组未能帮助债务国恢复债务可持续之后的选择。自1956年成立直到1987年，巴黎俱乐部所有的重组协议均不涉及债务减免。直到低收入国家开始频繁重组后，巴黎俱乐部才认识到展期不足以解决债务偿付性问题，进而开始制定包含净现值减免的重组条款，并随着债务危机的持续蔓延不断加大减免力度。截至目前，在巴黎俱乐部全部478项重组协议中，展期协议280项，占比约六成，减免协议198项，占比约四成。

减免的均为符合世界银行旗下国际发展协会高度优惠贷款资格（IDA-only）的国家，即本书定义的中低收入国家官方双边债务中的非官方发展援助（NODA）。在巴黎俱乐部的重组条款和过往的重组案例中，能够获得债务减免的均为低收入国家（通过“依云模式”逐案实现减免的除外），且固定比例的净现值减免均只针对非官方发展援助债务。而官方发展援助（ODA）通常仅通过展期方式重组。根据 OECD，发达国家提供的官方发展援助以促进发展中国家经济发展和福利提升为主要目的，1978 年后优惠度在 87% 以上。出口信贷通常不以促进发展中国家经济发展为主要目的，不纳入官方发展援助贷款范畴。[①]

① 详见 OECD 官网，https://www.oecd.org/dac/financing-sustainable-development/development-finance-standards/beyond-oda-export-credits.htm。

附录四　中国处理发展中国家债务的回顾与分析

当前我国的对外贷款包括无息贷款、“两优”贷款和商业贷款。最近十年，随着中非合作、“一带一路”建设深入推进，我国对发展中国家的债权显著增加，当前已成为数十个国家最大的官方双边债权人。非官方或商业债权尚有待完整统计，在对外贷款的比重日渐增加。商业债权人呈多元特点，风险控制手段多样，债务处置方式也更遵循法律和契约原则。

一、官方债务处置的演变

我国官方对外债权的增长也伴随着对部分无法按期履约债务的处置。总的来看，按债务处置的方式，大致分三个阶段。

第一阶段（1960—2000 年）：债务重组主要是通过双边谈判进行，重组方式以延长还款期限为主。1983—1990 年，中国同意延长布隆迪、喀麦隆、乍得、加纳、马里、莫桑比克、尼日尔、卢旺达、塞拉利昂、坦桑尼亚、多哥等多国的贷款还款期限。

第二阶段（2000—2019 年）：双边债务重组方式趋于多样化，并开始配合多边倡议。仍延续双边谈判做法，重组方式从展期扩展到调整还款安排、延长宽限期、调整利率等。同时，中国还积极响应多边减债倡议。2000年的中非合作论坛拉开了中国对外债务减免的序幕，31个非洲重债穷国和最不发达国家的109亿元人民币到期债务得到免除。此后，上述做法延用于多个重大外交场合。据约翰斯·霍普金斯大学中非研究倡议的学者估算，2000—2019年中国免除非洲无息贷款总额高达34亿美元。

第三阶段（2020年至今），我国已成为重要多边倡议的发起人和主要参与国。新冠疫情暴发后，中国参与发起并落实DSSI，标志着中国主动融入多边债务处理架构并承担重大国际责任。据世界银行数据，承担DSSI缓债责任的前5位债权国为：中国62.1%、日本6.6%、印度4.0%、巴西2.5%和美国2.4%。也就是说，在暂停偿付的115亿美元双边官方债务中，中国缓债规模约为72亿美元。至此，中国已经成为国际债务架构的重大利益攸关方。

二、官方债务处置的特点

主要的特点是始终坚持平等互利、不附加国内涉政治条件。我国政府减免对外债权采取与对外援助相一致的指导原则，如坚持提高受援国自主发展能力、坚持不附带任何政治条件、坚持平等互利共同发展、坚持量力而行等。其他特点包括：债务处置着眼于债务国的发展，处置方式考虑债务国的要求和实际情况，不主动追偿，灵活处理还款困难，事实上减轻了这些国家的债务负担，推动了一些困难项目的完成。此外，不通过债务处置“抓取”债务国资源开发、基础设施等生产性资产（Assets seizure），而是平等协商，共同寻求解决债务难题的方案。

最近几年，尽管已经积极参与国际多边架构，在内部尚未完全建立系统的债务处置框架情况下，我国贷款机构债务处置的主要做法仍呈现以下特点。首先，债务减免仅适用于无息贷款，尚未涉及“两优”及商业性贷款。其次，债务重组优先采用展期，调整利率次之，努力争取本金不受损失。最后，不设统一的减免标准，倾向于量身打造重组方案。除了在“共同框架”下的处置，应对债务方偿付困难仍主要包括双边谈判和个案处理。

三、对外贷款若干值得反思的问题

第一，对发展中国家贷款的项目选择以东道国意愿为主，对项目商业可行性评估不足。尽管近年来更加强调市场化和经济效益，但由于援外等项目更多遵从东道国意愿，项目选择余地实际较为有限。对项目可持续的考虑往往让位于非经济因素的考量。

第二，贷款往往集中在基建领域，短期内经济社会效益不显著。尽管这些项目推动了债务国的工业化与城市化发展，但由于大部分债务国经济体量小、经济结构单一，大规模的基础设施建设使政府债务快速积累的同时，却无法在短期内实现“造血”功能，东道国的财政收入没有明显提升，偿债压力却进一步加大。

第三，部分发展中国家倾向过度举债。一些国家往往不顾自身承受能力提出超出实际的项目需求，甚至以“南南合作”的名义，对我国进行“倒逼”。特别是在我国对外贷款由多家金融机构分散开展的情况下，借款国可能多头举债，导致债务积累明显超出其经济承受能力。

第四，持续的债务让步使债务国形成依赖。据约翰斯·霍普金斯大学中非研究倡议（SAIS-CARI）学者估算，2000 年以来，中国与发展中国家进行了上百次的外债重组或减免，重组债务超过 150 亿美元。持续的贷款发放和随后的债务重组使发展中国家容易对中国产生依赖，减缓债务国通过自身改革提高偿债能力的动力，通过大幅让步使债务国最终走上发展和债务长期可持续道路的不多。

第五，双边谈判难以解决道德风险和集体行动困境，也容易引发透明度等质疑。由于与巴黎俱乐部等现行多边机制的相关理念存在根本不同，我国仍坚持双边谈判，平等协商。这虽然增强了我方主导性，但在获取债务国关键数据和深入评估其债务可持续性方面受到一定制约，同时也难以与其他债权人协调。

附录五 对外投融资透明度的国际比较

本附录首先比较对外直接投资，然后比较对外中长期融资（中方债权，债务国主权和主权担保债务），最后综合分析这两个领域的异同。

附表 5.1 比较我国对外直接投资信息披露现状与联合国贸易和发展会议《世界投资报告》。联合国贸易和发展会议是联合国体系内长期跟踪、研究全球跨境直接投资的权威机构，其信息来源主要是各国政府定期发布的统计数据，所以《世界投资报告》反映了世界主要国家尤其是发达国家这一领域的透明度。从附表 5.1 可看出，除“投资方式”外，我国的实践与联合国贸易和发展会议的披露标准基本相同。“投资方式”公布数据的差异源于概念的不同，从分析的角度，二者提供不同的信息，都有意义。本附录也比较了我国与美国、日本等发达国家，印度等新兴市场国家对外直接投资数据披露的实际情况，发现披露的信息基本相同，有些方面如项目信息印度披露的更多，印证了我们对比我国对外直接投资信息披露与联合国贸易和发展会议《世界投资报告》信息公布标准的结论。

附表 5.2 比较我国对外中长期信贷融资（中方债权）信息披露现状与世界银行债务国报告系统（DRS）、《国际债务统计》（IDS）年度报告，以及发达（OECD）债权国的“信贷报告系统”

（CRS）。债务国通过 DRS 披露的信息最全面，IDS 的数据基于 DRS，对公众发布。除了贷款金额的行业、项目细节不公布外，其他信息，包括贷款来源分类、国别分布，贷款去向，是否优惠贷款，贷款币种，贷款利率、宽限期、还款期的平均值，IDS 年度报告都会公布。在理想状态下，债务国和债权国的信息可以对照检查。实际上，债务展期、重组、减免谈判时债权债务双方也一定反复核实债务数据。目前的国际实践是债权国与债务国信息披露、公布的范围不完全对称。我国的对外债权信息披露与其他债权国（主要是发达国家）更可比。

附表5.1　对外直接投资透明度国际比较（年度数据）

	国际标准	我国现状
信息披露机构	联合国贸易和发展会议（UNTCAD）	商务部、国家统计局和国家外汇管理局
信息披露渠道	《世界投资报告》	《中国对外直接投资统计公报》
投资企业	部分公布	公布：按国有企业、私营企业、外商投资企业、有限责任公司、股份有限公司等分类公布
—国有企业	部分年份公布排名前100位的国有跨国企业并购数据	公布
—私营企业	部分年份公布排名前100位的跨国企业并购数据	公布
—其他		公布
投资去向	部分公布	部分公布
—国家	公布	公布
—行业	公布	公布
—项目	不公布	不公布
投资金额	公布	公布
投资方式	公布：按绿地投资、跨境并购、国际项目融资分类公布	公布：按新增股权投资、当前收益再投资、债务工具投资分类公布

资料来源：World Investment Report by UNTCAD，《中国对外直接投资统计公报》。

附表5.2　对外融资（债务国主权和主权担保债务）信息披露国际比较（年度数据）

	世界银行		OECD 发达债权国		我国现状	
信息披露渠道	**债务国报告系统（DRS）**[1]：债务国通过DRS向世界银行披露逐笔贷款信息	**IDS数据库**[2]：世界银行通过IDS数据库及债务统计报告向公众公布债务加总数据及结构化数据	信贷报告系统（CRS）[3]		国家国际发展合作署、国务院新闻办公室[6]	相关金融机构年报
贷款种类	1年期以上公共外债	1年期以上公共外债	**官方发展援助（ODA）**：披露全部信息，无任何限制	**其他官方资金（OOF）**[4]：仅披露总额、国家和行业分布，在项目层面保密	对外援助信息	金融机构境外贷款信息
贷款来源（发贷机构）	披露	公布：按债权方所在国、债权方性质（包括多边、双边、商业、债券）分类加总的信息。不公布具体发贷机构	公布：按国家和多边机构分	公布：按国家来分	不公布	公布

续表

		世界银行		OECD 发达债权国		我国现状	
贷款金额	国家	披露	公布	公布：分援助国和受援国	公布：分援助国和受援国	公布：按区域、国家收入水平分类加总的信息	部分公布：（1）进出口银行公布“国际主权合作贷款”余额、增幅数据；（2）国家开发银行于2018年之前公布境外贷款余额数据，不区分是否为主权贷款，2018年后不再公布；（3）中国银行公布境外公司贷款余额数据，不区分是否为主权贷款；（4）工商银行公布境外客户贷款余额数据，不区分是否为主权贷款
	行业	披露	不公布	公布：包括基建、社会、民生、生产等类型	受援国向OECD披露相关信息，“君子协定”成员国之间披露	公布：优惠贷款、援建项目行业分布数据	
	项目	披露	不公布	向OECD披露相关信息，数据库未公布具体项目金额[5]	“君子协定”成员国之间披露	不公布	
贷款去向		披露	公布：按政府、国企、其他公共部门、政府担保的私营部门分类的加总信息	公布	“君子协定”成员国之间披露	不公布	不公布
—政府		披露	公布	包括公共部门、非政府组织、多边机构、PPP项目、教育科研机构、私人项目等			
—国企（SOE）		披露	公布				
—其他		披露	公布				

续表

	世界银行		OECD 发达债权国		我国现状	
贷款性质	披露	部分公布：仅公布优惠贷款加总信息	公布	“君子协定”成员国之间披露	部分公布	不公布
一优惠	世界银行根据其优惠度测度标准判定是否属于优惠贷款	公布	按照援助、贷款、股权投资、非出口信贷、私人发展资金来分类		公布无偿援助、无息贷款、优惠贷款信息	
一商业 / 项目贷款		不公布			不公布	
一混合贷款		不公布			不公布	
贷款币种	披露	公布：各币种占比。债务数据以美元计价	不公布，以美元计价	美元计价或“君子协定”成员国之间披露	不公布，以人民币计价	不公布
贷款条件	披露	公布平均值	仅向 OECD 披露相关信息，数据库未公布具体项目贷款条件	“君子协定”成员国之间披露	不公布	不公布
一宽限期	披露	公布新签贷款承诺平均值				
一还款期	披露	公布新签贷款承诺平均值				
一利率	披露	公布新签贷款承诺平均值				

注：1. 依据世界银行政策文件 External Debt Reporting and Financial Statements（OPS5.09-POL.166）。

2. 可通过世界银行 Access to Information Protocol 申请获取额外详细数据。

3. 依据 OECDDAC 的统计报告指示 [DCD/DAC（2016）3/FINAL]，第五章第一节 201 条保密条款。

4. 其他官方资金（OOF）主要包括出口信贷、商业性援助（不满足 ODA 标准）、对私人部门的补贴等。

5. 援助国和受援国向 OECD 披露项目级数据，OECD 公布加总的金额及结构性数据。

6. 国家国际发展合作署、国务院新闻办公室分别于 2014 年和 2018 年发布《中国的对外援助》白皮书，于 2021 年发布《新时代的中国国际发展合作》白皮书。

国际比较表明，我国对外投融资透明度的提升显著但不均衡：对外中长期信贷的信息披露不如对外直接投资；在信贷领域，对外债权的透明度不如对外债务；在对外债权中，官方支持的信贷透明度不如官方发展援助。当然透明度相对较高的领域也有进一步提高的空间。

数据附表

附表1 部分中低收入国家：政府和政府担保外债，2008—2021年（占GNI的比重）

单位：%

	是否参加DSSI	外债风险[2]	2008年	2013年	2019年	2021年
DSSI国家[1]						
莫桑比克	是	危机	24.1	46.2	70.9	67.1
刚果共和国	是	危机	48.5	21.8	49.5	63.6
加纳	否	危机	11.7	18.4	31.5	36.2
肯尼亚	是	高	17.9	17.9	31.2	32.4
赞比亚	是	危机	6.4	12.6	48.1	64.8
乍得	是	危机	20.0	22.8	25.4	26.3
埃塞俄比亚	是	危机	10.2	25.0	28.9	25.4
喀麦隆	是	高	7.7	12.3	26.6	28.0
老挝	否	高	61.7	45.2	57.8	58.1
巴布亚新几内亚	是	高	9.7	6.4	18.2	23.3
蒙古国	是	…	30.4	32.3	66.1	89.3
塔吉克斯坦	是	高	20.7	18.1	29.4	30.1
安哥拉	是	…	17.1	21.1	75.5	69.9
尼日利亚	否	…	1.2	1.7	6.4	8.1
巴基斯坦	是	…	24.5	20.0	24.8	27.7

续表

	是否参加 DSSI	外债风险[2]	2008 年	2013 年	2019 年	2021 年
非 DSSI 国家						
加蓬	n/a	…	17.6	27.3	39.4	36.8
斯里兰卡	n/a	危机	31.7	35.0	45.4	44.3
厄瓜多尔	n/a	…	22.1	13.3	36.6	37.0
白俄罗斯	n/a	…	9.1	20.1	31.2	30.4
阿根廷	n/a	…	20.1	12.9	27.9	23.8
苏里南[3]	n/a	危机	10.3	14.2	53.6	85.5

资料来源：世界银行 IDS 数据库及作者计算。

1. “DSSI 国家”指符合 DSSI 资格，即拥有 IDA/PRGT 贷款资格和联合国认定的“最不发达国家”。

2. “危机”指 IMF—世界银行债务可持续评估处于债务困境的国家，也包括 2020—2023 年申请债务重组和公开违约的国家。

3. GDP 占比。据 IMF 执董会文件，2019 年主权外债占 GDP 的 53.6%，2020 年为 94.3%。

附表2 部分中低收入国家：主权外债偿债比率,2008—2024年[1]（占商品和劳务出口的比重）

单位：%

	2008 年	2013 年	2019 年	2022 年（估算）	2023 年（预测）	2024 年（预测）
DSSI 国家						
莫桑比克	1.0	3.7	11.8	15.5	29.1	14.0
刚果共和国	2.0	4.5	6.8	12.5	10.9	9.7
加纳	2.8	3.6	9.0	13.5	13.9	13.2
肯尼亚	4.5	4.0	34.1	33.7	29.3	46.3
赞比亚	1.3	2.0	11.1	30.8	16.8	26.6
乍得	…	…	…	…	…	…
埃塞俄比亚	2.9	10.6	27.5	34.8	33.6	44.6
喀麦隆	2.6	1.8	8.4	22.7	20.8	20.0
老挝	4.9	5.7	10.9	17.8	20.5	16.6

续表

	2008 年	2013 年	2019 年	2022 年（估算）	2023 年（预测）	2024 年（预测）
巴布亚新几内亚	3.1	1.5	3.7	3.5	4.0	4.7
蒙古国	2.1	3.0	5.4	18.6	13.5	36.4
塔吉克斯坦	3.7	3.4	7.1	8.3	8.7	9.6
安哥拉	2.4	7.1	30.9	26.7	28.4	27.4
尼日利亚	0.5	0.4	1.9	4.3	5.0	4.5
巴基斯坦	8.2	8.2	29.0	53.5	37.7	28.9
非 DSSI 国家						
加蓬	28.2	12.0	…	…	…	…
斯里兰卡	9.7	8.7	25.3	28.8	26.7	29.0
厄瓜多尔	8.2	6.7	23.9	11.6	14.3	11.7
白俄罗斯	1.0	3.7	8.3	8.1	9.3	7.5
阿根廷	6.7	8.1	32.7	9.0	26.2	8.6
苏里南	…	…	…	8.8	8.9	7.1

资料来源：世界银行 IDS 数据库，IMF 贷款、第四条款磋商文件，及作者计算。

1. 指政府和政府担保的对外债务偿付额占当年商品和劳务出口的比重，其中 2022—2024 年的出口额采用五年移动平均值进行预测。

附表3　　部分中低收入国家：主权外债的债权构成[1]

（占全部主权外债的比重，2021年底）

单位：%

	外债风险[2]	官方双边债权人			多边债权人	商业债权人		主权外债余额（百万美元）
		中国	巴黎俱乐部	其他		债券	其他	
DSSI 国家								
莫桑比克	危机	17.5	12.3	15.0	43.2	6.9	5.1	10,577
刚果共和国	危机	32.2	7.6	6.2	16.2	3.8	33.9	6,291
加纳	危机	5.3	3.5	3.0	23.0	47.9	17.3	27,370

续表

	外债风险[2]	官方双边债权人			多边债权人	商业债权人		主权外债余额（百万美元）
		中国	巴黎俱乐部	其他		债券	其他	
肯尼亚	高	20.9	10.3	0.3	44.8	20.2	3.5	35,218
赞比亚	危机	26.4	3.4	4.0	21.0	24.0	21.3	12,498
乍得	危机	10.4	3.8	17.3	26.6	…	41.9	2,999
埃塞俄比亚	危机	21.4	3.1	4.0	50.4	3.5	17.5	28,171
喀麦隆	高	29.0	13.8	2.3	38.5	12.3	4.2	12,427
老挝	高	50.2	6.9	8.9	17.6	9.6	6.9	10,271
巴布亚新几内亚	高	18.3	23.5	0.0	48.4	8.3	1.6	6,041
蒙古国	…	26.8	13.9	1.5	24.6	31.3	1.9	11,625
塔吉克斯坦	高	34.5	0.7	4.6	43.8	15.7	0.7	3,186
安哥拉	…	9.9	2.8	1.8	8.3	17.1	60.1	46,740
尼日利亚	…	10.6	2.3	0.3	44.2	42.7	…	34,385
巴基斯坦	…	26.5	11.5	1.4	37.2	8.8	14.7	94,670
非 DSSI 国家								
加蓬	…	16.2	6.2	0.1	30.8	41.0	5.7	6,278
斯里兰卡	危机	13.6	11.3	3.6	26.7	35.7	9.0	36,520
厄瓜多尔	…	12.7	3.2	0.0	38.2	45.2	0.7	38,707
白俄罗斯	…	21.3	42.5	0.0	18.4	17.6	0.1	19,979
阿根廷	…	2.4	1.3	0.1	23.6	71.7	1.0	114,750
苏里南[3]	危机	21.8	4.2	1.4	31.3	28.1	0.9	2,216

资料来源：世界银行 IDS 数据库，IMF 贷款文件，及作者计算。

1. 部分符合 DSSI 资格的国家。

2. “危机”指在 IMF—世界银行债务可持续评估处于债务困境的国家，也包括 2020—2023 年申请债务重组和公开违约的国家。

3. 2021 年底苏里南主权外债中还包含 2.71 亿美元的逾期欠款，约占 12.2%。